Ⓢ新潮新書

齋藤 孝
SAITO Takashi

余計な一言

577

新潮社

まえがき

日本語は、相手への思いやりや気づかいをこめる多彩な表現にあふれた素晴らしい言語です。

尊敬や慎みを、美しく丁寧に伝えられる言葉が豊富です。上手につかえば、豊かな人間関係をつくることができます。

一方で、人間関係はほんのちょっとしたことで壊れてしまうことがあります。その原因は「余計な一言」です。

相手に対して神経をつかうあまりに、無礼な言い方になってしまったり、本心とはまったく逆の、思ってもいなかったようなことを伝えてしまったり、ビジネスの話が進む中で、ついポロリと本音を口走って、場を凍らせてしまったり……そんな「余計な一言」が口を衝《つ》いて出てしまうことがあるのです。

「余計な一言」は、それまでの良好な関係から、一転、あなたを窮地に追い込んでしまうことがあります。頑丈な石壁でさえ、雨水の一筋から次第に浸食が進み、遂《つい》には崩れてしまうように、その一言から、人間関係にも小さなヒビが入り、次第に壊れて、取り返しのつかないことにもなりかねません。

たいがい、「余計な一言」を言った方が忘れてしまっていても、言われた方はいつまでも覚えているものです。ゆくゆくは人間関係を悪化させてしまうことになりかねません。

ちょっと口をすべらせただけなのに、と思うかもしれませんが、その影響は心に残るもので、たとえば、文学作品の中にも、この恐ろしさがモチーフとなっているものは多いのです。

シェイクスピアは「余計な一言」をもとに歴史に刻まれる戯曲を残し、松本清張もその一言が殺人の動機に転じるミステリーを書いています。

会社や家庭など毎日顔を合わせている濃密な人間関係ほど、この「余計な一言」の影響は大きいものです。

また、初対面の相手には、見た目へのプラスアルファとしても、作用していきます。

つまり、「余計な一言」は、性格や人間性を印象づける重要な要素になり得るのです。

「服装はいつも立派なのに、言葉づかいが無神経だな」

「誠実そうなのに、言葉の端々が嫌味たらしい」

「精力的だけど、偽善的でワンマンで押しつけがましい」

話し手の思いとは別に、悪い印象をもたらしてしまいます。

コミュニケーション上、美しく繊細な表現が豊富な日本語ゆえに、時折、恐ろしい面が出てしまうことがあるのです。

最近は、インターネットの普及で、メールのみならず、ブログ、ツイッター、フェイスブックなど、ＳＮＳで誰でも簡単に発言でき、世界中に広めることができます。今まで、信頼関係で結ばれた人同士で、内輪で話していたことも、ネットに書き込み、不特定多数に発信できる時代です。

しかし、その言葉が、「余計な一言」に転じてしまい、社会的に自らの首を絞《し》めることになってしまったり、自分の言葉で心に傷を負ってしまうということも起こります。

さらには、人としての信頼に関わる影響が出ることもあります。以前なら、軽い冗談と笑ってすませられたような一言も、「問題発言」と化してしまうこともあるのです。社会全体が神経質になり、寛容さが次第に薄れてきていることを、私は感じています。

本書では、そのような「余計な一言」について考えてみます。どのような「余計な一言」があるのか。その一言が、なぜ生まれてしまうのか。また、それを防ぎ、改善するにはどうすればよいのか。自分の言葉でストレスを生まないためには、どうすればよいのか。さまざまに考察したいと思います。そのうえで、すぐに実践できる予防策、改善のためのノウハウ、トレーニング方法をできるだけ具体的に書きました。

私自身、「余計な一言」を言ったために、人間関係を悪くし、自分で自分を追い込んでしまった経験があります。また、現在では、テレビ番組で発言する機会も多く、「余計な一言」のリスクを人一倍感じながら発言しています。言葉の選択を誤ればクレームが来ます。

そんな状況で〇年以上、発言に気をつけた結果、「失言率」は低くなりました。そうした経験を踏まえて、失言率低下に役立つ具体的なコツをご紹介することにしました。

本書が、「余計な一言」を避けて、よりよい人間関係を築くための一助になれば、これほど嬉しいことはありません。

余計な一言∞目　次

第一章　その一言が恐ろしい

1　「で」と「が」とでは大違い

【ケース1】

　ある日の会話――。

妻「結婚記念日を覚えていてくれたのね」

夫「もちろん、一番大切な日だからね」

妻「あなたの好きなもので、料理をつくるわ。何がいい？」

夫「グラタンでいいよ」

妻「……（激怒！）」

*****

気づかいが裏目に

結婚記念日という重要な記念日を夫が覚えていたのはよかったのですが、妻が喜んだところで、気を抜いてしまったというケースです。

好きなものをと聞かれた時に、ついつい「何でもいいよ。～でいいよ」と言ってしまう人は少なくないでしょう。

夫には強いこだわりがなく、手間のかかる料理をつくらせるのも悪いと忖度して、気づかったのかもしれません。また、夫のふところの深さや妻への優しさの表現として、口にしてしまうこともよくあります。

しかし、その一言、「で」が、妻にとっては、「どうでもいい」ことと、ひどく軽んじられたように取られてしまう危険があるのです。せっかくつくってあげると言って、希望を何でも聞こうとしているのに、不用意な一言で、やる気は台無しです。女性は記念日を大切にする傾向が強いですから、余計にこの一言は問題でしょう。

好物や食べたい物を伝えるだけの会話だったのに、「で」という格助詞の一言で、本題は吹っ飛んでしまい、妻に怒りを呼び起こしています。

格助詞一つの些細なつかい方が亀裂を招いているのです。

もしも、「で」が「が」であったならば……。

「グラタンがいいな」

これなら、妻の期待に応え、事態は好転していたでしょう。

ただし、この場合は、生野菜のサラダやお刺身など、ほとんど手間のいらない料理は選ばない方がよいかもしれません。料理好きな人の中には、料理の手間が、愛情の証《あか》しであると思っている人は少なくありません。「〜でいいよ」という一言は、相手の「やり甲斐《がい》」を逆なでしてしまうのです。

甲斐がない

「甲斐」について少し述べてみましょう。

私のよく知る若い夫婦が、最近離婚してしまいました。奥さんによると、その原因は「甲斐がない」から、ということでした。とにかく「夫は、甲斐がなかった」と繰り返すのです。「甲斐がない」とはどのようなことでしょうか。

「やり甲斐がない」「やった甲斐がない」という言葉は男女関係に限らず、ビジネスなどでもよく聞きます。

たとえば、奥さんは普段から努力してメイクをし、服装にも気をつかって綺麗《きれい》にしているのに、夫はそのことについてまったく触れない。

それが、奥さんにとっては「おしゃれをした甲斐がない」と言うのです。

彼女は、会話がとても面白いと他人からは褒められるのに、家庭では何を話しても夫のリアクションが弱い。今回の仕事は大変だったけれど、成功して大きな成果をあげたといった苦労話をしても、やはり夫は無反応。これもまた「話し甲斐がない」。そんなことが繰り返されるうちに妻の心は離れていき、離婚に至ってしまった。

夫妻ともよい性格で、傍目には幸せそうに見えましたが、「甲斐がない」という一点で夫は妻に見限られた。もちろん夫婦ですから、一方だけが悪者とは限りません。また、彼らの破局の最後のきっかけが何だったのか、それは私には知る由《よし》もありません。

ただし、奥さんの思いが鬱積《うっせき》するまでには、夫の「余計な一言」があった可能性は充分にあり得るのではないか、と思ってしまいます。

夫が妻を思いやり、妻のファッションを褒《ほ》めたり、家事をやってくれることに感謝したりと、気を配っていれば、こんなふうにはならなかったのかもしれません。「その服がいいよ」と「その服でいいよ」では大きな違いです。

さて、このケース、格助詞を巡るトラブルの予防策です。

きわめてシンプルかつ大胆な策なのですが、「〜でいいよ」という言い方を、日常会話から完全に排除してみましょう。「〜でいいよ」というのは、片方の一方的な気づかいに過ぎず、結果として、相手を傷つけてしまっています。その言い方をしないことが一番なのです。言わなくても会話に支障はきたしません。

「〜でいいよ」という言い方を一切やめてみるのです。たとえば、「肉じゃがか、グラタンか」と聞かれると、「グラタンでいいよ」とも言ってしまいがちですが、「グラタンがいいな」と答えるようにしてみましょう。きっと関係はよりよくなっていきます。

私もやってみましたが、不思議なもので、慣れてくると次第に、「〜でいいよ」が出てこなくなってくるのです。

●ポイント

・「〜でいい」を会話でつかうのをやめてみよう。

・「で」は「が」に言い換える。

2　「だって」「でも」「ただ」は人間関係も逆接にする

【ケース2】

妻「あなたの今日の態度、一体何なの」
夫「だって、あの時は……」
妻「『だって』とか言い訳しないの」
夫「でも、あの時はそうしなけりゃ……」
妻「言い訳は聞きたくないわ」
夫「ただ、あれは……」

＊＊＊＊＊

逆接は議論の基本だが……

「だって」「でも」「ただ」といった逆接に用いる接続詞が、悪い口癖のようになっている人は多いようです。特に、「でも」という一言には注意が必要です。

このケースでは、逆接によって妻は自分の話を否定されたように感じてしまい、説明の中味より、その「逆接の言葉」に対して、怒りを増すばかりになっています。

この「余計な一言」のために、その後の説明は何を言っても効果がなくなってしまうのです。

本来、何か議論をする場合、逆接はとても重要な役割を果たします。

論旨の対立をまずははっきりさせて、双方に議論を盛り上げていく方式というのは、議論をするうえでの基本中の基本です。西洋的な議論の文化では、相手の言い分に対して反論を展開していくのが、一種の礼儀にすらなっています。

反論が礼儀、なんて言うと驚かれるかもしれません。しかし、かつて古代ギリシャでは、相手と同じことを話すのは、礼儀に反するので、必ず上手に反論し合っていくことが求められていたのです。その対話の積み重ねという土壌が、ソクラテスやプラトンなど稀代の哲学者を生み出すことにつながってきました。相手から問題提起というボールが来たら、とにかく反論というバットで打ち返し続けていたのです。

「修辞学」の研究で知られる香西秀信さんは『反論の技術　その意義と訓練方法』（明治図書出版）で、反論こそ議論の基本としています。

けれども、これはあくまでも西洋の話。日本人のコミュニケーションでは、反論は、対話はもちろん、議論の基本にすらなっていないというのが実情です。

民俗学者の宮本常一さんが著した『忘れられた日本人』（岩波文庫）に登場する、村の寄り合いなど狭い共同体での話し合いにおいて、参加者は誰に対しても絶対に反論をしません。そのため、ある議題を検討し始めてから、決まるのに何日も何週間もかかってしまうこともあります。いわゆる「阿吽《あうん》の呼吸」で、なんとなく決まっていくという流れを皆が求めているからです。

現代では風習や慣習は大きく変化しましたが、そのような文化は、今でも日本人の心に残っています。日本の会議では、多くの場合、議論は参加者の感情によって動いているのが現実です。気に食わないあいつが言ったから、あの提案を採用するのはやめておこう、とか、社内で敵対するあいつの意見は聞かなくてもよい、ということもよくあります。

会社にとってより多くの利益を得られる発展的な提案だとしても、その発言者に貼《は》られたレッテル次第では受け入れられないといったことが現実には起きているのです。

このような情緒的な面に重きを置く日本において、「弁証法」的な議論が浸透する日が果たして来るのだろうか。そんなテーマを研究したことがあります。そんな日はずっと来ないかもしれない、というのが私の結論でした。

日本が西洋の民主主義などの思想や西洋流の制度や文明を受け入れたのは、もう一〇〇年以上も昔のことです。当時から福沢諭吉は、自由闊達《かったつ》な議論を求めて、人々に自由に意見を言うように説いてきました。対等で健全な議論の場を設けようと努めてきたのですけれども、現実には到底実現には至っていません。

これは、それがよいとか悪いとかの問題ではありません。もちろん、そうした日本的なやり方に異を唱え、西洋式の会議を導入していこうという人がいてもいいのですし、そういう会社も増えていることでしょう。とはいえ、このような文化はそう簡単に変わるものではありません。

戦後の民主主義教育を徹底して受けてきた世代でも、必ずしも議論の形は浸透しきらなかったという事情を考えてみると、もしかしたら日本人にとっては、別の方法を工夫していったほうが、気質に合っていて有効なのではないかという気がするのです。

つまり、反論には見えない反論の仕方というか、やんわりと別のアイデアを提案する作法を発展させたほうがよいのではないか、大学やマスコミ関係での様々な会議や打ち合わせで議論してきた体験を経て、そんなふうに思っています。

そう考えると、会社においても、あまり不用意に「逆接の言葉」をつかうべきではないでしょう。そもそも、反対意見を出して検討し合うことが、心理的に受け入れられない人が日本には多い。自分の意見に対して反対のことを言い立てられると、〃逆らっている〃と感じて嫌がる。議論を生産的にしようとして、そのために、あえて反論しても、それはなかなか理解されません。感情的に対立、反抗していると捉《とら》えられがちで、殺伐《さつばつ》とした雰囲気になることもあります。

ドラマの「半沢直樹」のような、あくまで筋を通し、会社や上司の命令に対しても反論も辞さないような熱血社員は、現実の社会ではかなり稀《まれ》なのです。

前向きな言い換え方法

もちろん誰もがイエスマンになる必要はありません。会議では、反論をする必要もあるでしょう。そうした場合に有効なのは、次のような言い換えです。「ちょっとプラスアルファの話ですけど……」

「もう少し発展（アレンジ）させた形なんですけど……」

「今の話を聞いて、気づいたのですが……」

「なるほど。そのお話にインスパイアされたのですが……」

「いまの話に刺激されて、思いついたのですが、それは……」

「しかし」や「でも」などの逆接の言葉の代わりに、このような前向きな言葉をつかえばいいのです。これならば、気分を害する人はあまりいないと思います。

会議において大切なのは、まず他の参加者に聞く耳をもってもらうことです。あなたが発展的な意見を出す人だと思ってもらえれば、議論そのものも建設的に進みます。前向きな言葉が先にあれば、たとえ反対意見を言っても、前向きな反論として好意的に検討してもらえることが多くなっていくはずです。

相手の意見を立てつつ、「有効な一言」から話し始めるのです。繰り返しますが、「だって」「でも」「ただ」と言うのは、もうその発語の時点で周囲に受け入れる気持ちがなくなってしまうので、禁句にしましょう。

「でも」の背景は

ケース2の話に戻します。「でも」を夫がつかっている背景には、自己防衛的な心理が働いていると考えられます。自分を否定されないために、自分の主張を「逆接」を用いてはっきり伝えたい。そのような心理です。

「でも」が口を衝いて出るのは、過剰な自己主張や自己防衛の現れです。これは結果として「自分をムダに守ろうとしている」ことになります。

相手はそれを察知しますから、イライラし、嫌悪感をもってしまうのです。

自分を守る鎧《よろい》の言葉は、実は、紙の衣服のように何の防御にもならないことをよく自覚しておきましょう。

円滑なコミュニケーションのために、「だって」「でも」「ただ」を会話から一切省ければ、ビジネスでも家庭でも、てきめんに会話は刷新されていくはずです。

では、「だって」「でも」「ただ」を会話から省くにはどうするのか。

私は、「〝でも〟チェック」という方法を勧めています。

まず、他人の会話を聞きながら、その人が「だって」「でも」「ただ」を何度つかっているか、回数をチェックしてみるのです。

このチェックをしてみると、意外なほど多くつかっていることがわかるでしょう。たとえば、「でも」をよく口にする人は、一分一回の頻度で言っています。

さて、他人の会話でのチェックをしたあとに、自分自身のチェックをやってみましょう。まさに「人のふり見て我がふり直せ」で、やっていくうちに「自分はつかわないようにしよう」と自覚できる効果があります。

一人でチェックするのが難しいのでしたら、家族や友人など親しい人に頼んでもよいでしょう。

「でも」が会話に頻出しているという事実に驚くと同時に、逆接により、口調の印象がとても悪くなっていることに気づくでしょう。意外にも自分が「逆接の接続詞」を一番多用していたことに気づくかもしれません。

●ポイント

・「〝でも〟チェック」をやってみる。
・言い換えの言葉を用意しておく。
・逆接の接続詞を会話から省く。

3 「しかし」という悪癖

【ケース3】

社員A「このプロジェクトをうまく進めたいものです」

社員B「しかし、その計画がうまくできればいいね」

社員A「このグループが一致団結することが必要なんです」

社員B「でも、やっぱりメンバーの協力次第だよね」

＊＊＊＊＊

さきほどのケースでの「でも」や「だって」は、一応、論理的に逆接である必然性がありました。相手に反論しているからです。しかし、このBさんの「しかし」「でも」は何の意味もありません。

Bさんは「しかし」と逆接で話を始めながら、内容はAさんの意見を繰り返しているのにすぎません。これこそ無駄の極みです。

会話で、「しかし」「でも」を合いの手のようにつかって、話を進める癖をもつ人は珍しくありません。そもそもは「逆接の接続詞」ですから、論旨とは反対や対抗する展開のための言葉なのですが、話題を前に進めるつもりでつかっている人が多く見られます。しかし、これは本人が思っている以上に、相手に不快感を与えてしまいます。「でも」と言うので、反対の話が始まると思いきや、その先の論旨は逆接になっていない。聞いている方は、唖然《あぜん》としてしまいます。

無自覚につかっているのか、自分の発言に注目してもらいたいのか、相手の話の流れを止めてまで言う人もいます。つまり、まったく無意味なのです。

そのような無意味な「でも」が入ると、場は混乱しますし、参加者たちのモチベーションを下げてしまいます。

Bさんは基本的にAさんに賛同しているにもかかわらず、言い方にクレームをつけていると取られるかもしれません。Aさんの意見に基本的に合意しているのに、Bさんは反対意見の人、面倒な人と悪く思われてしまうのです。

このケースでは、Bさんの言葉から「しかし」「でも」を取っても何の問題もありません。いかに不要なのかがよくわかります。

会話において、逆接の接続詞は、「話の腰を折る」効果が大きいのです。

会話では、相手の話をよく聞き、その内容を受け止めることが前提です。そして話題を広げながら、気持ちよく会話を続けたいのなら、逆接の接続詞をつかわないほうがよいのです。

なかなか難しそうに思えるかもしれませんが、決してできないことではありません。意識して「しかし」「でも」を日常会話から一切省いて、会話を実践してみましょう。きっと気持ちよく話せるようになり、話題の広がりや論旨の組み立てについても、対話する者同士に、前向きで発展的な「プラスアルファの感覚」が養われていくはずです。それによって相手との仲が深まり、前向きで良好な人間関係に変えていけることでしょう。

対話では、この「プラスアルファの感覚」を得ることが大切だと私は考えています。その感覚が、対話を発展させ、話者を心地よくしていくのです。

私も実践していて、その効果を感じています。

小学生を変えた「だって」禁止

私は小学生を相手に「だって」「でも」をなくすためのプログラムを実行したことが

あります。以前、私が数十人の小学生を塾で教えていた時の話です。何年も教えていると、ちょっと面倒な課題を出した際に、小学生は「だって」や「でも」と必ず言うようになります。

夏目漱石の『坊っちゃん』を一日で音読してみよう、一冊全部を音読してみよう、と提案すると、子ども達は、「だって、無理無理無理」「でも、一冊なんて無理だよ」などと、口走ります。

あまりにも「だって」や「でも」が多いので、こう教えました。

「なぜ最初からそんな後ろ向きなことを言うんだ。『だって』とか『でも』と言うと、自分の力が発揮できなくなるんだよ。まだ、チャレンジもしていないのに、やってみなきゃわからないじゃないか」

この手の言い訳めいた物言いの背後には、自己防衛的な心理があります。「無理したくない」、「なんかこわい」、「今のままの自分でいい」という心理です。今の自分を守りたいがために、「余計な一言」で予防線を張っているのです。

そこで、彼らに「だって」や「でも」などから始まる言い訳を禁止してみました。「言い訳禁止塾」という名前をつけて、「だって」や「でも」をつかったら、スクワットをする決まりにしたのです。
子ども達に、次はまた立って音読してみようか、と私が言うと、「えー、でも……」と子どもが答えます。すかさず「言っちゃったな、はいスクワット！」。

最初はスクワットをする子どもも出ましたが、みるみるうちに効果が出てきて、小学生たちは、「言い訳の言葉」を言わなくなってきました。私が意図的に引っかけるように話しても、禁句を口にしません。

そして、彼らはついに『坊っちゃん』を六時間かけて声に出して読破することができるまでなりました。音読の途中からは、言い訳をしたり、逃げようとする子どももいなくなり、全員で最後まで音読を成し遂《と》げることができたのです。

逆接をなくすことで、彼らの中に「覚悟」とでもいうべき意志が育ったのだと思います。

これは文章を書く際にも気をつけたいところです。謝罪文や反省文をせっかく書いても、「余計な一言」を書いたために心証を悪くして、本当は反省してないのだろう、と判断されてしまうこともあるのですから。

●ポイント

・「しかし」「でも」を禁句にする。

・逆接の内容でも会話では「順接の接続詞」をつかって表現してみよう。

4　自己顕示欲が強すぎる

【ケース4】

シンポジウムにて

出席者A「やはり環境対策を無視して開発するというのは時代錯誤ですね」

出席者B「そうですね。ただ一つ、逆に言えば、環境のことを考えない行政や首長はそもそも通用しないということでしょうね」

出席者A「ええ。だからやっぱり時代錯誤ということですよね」

出席者B「逆に言えば、古いタイプの人たちは当選もできないということですよ」

＊＊＊＊＊

自己顕示欲の現れ

Bさんの「逆に言えば」は、ケース3での「しかし」にもよく似ています。そもそも相手と大して違うことは述べていません。本来、「逆に言えば」と言った後には、必ずある程度オリジナリティのある、他の人が思いつかないようなことを言わなければならないはずです。だからリスクのある言い方なのです。

視点の転換を勧めたり、見方を変えた言い方をするのは、議論が膠着《こうちゃく》してきた時には大切なことです。こういうフレーズをつかってはいけないということではありません。ただし、その時には、やはり新しい提案なり斬新な意見などの展開を期待されるということです。

口癖のように言ってしまうことから、「余計な一言」となってしまうのです。「逆に言えば」という言葉が口癖になっている人は少なくありません。私の知人でも、すぐに、「逆に言えば」と口にする人がいますが、話は逆接ではなく、むしろ順接でちゃんとつながっていたりします。

こちらの話に同意している内容で、それ以上の深いことや新しいことを言っていないのに、「逆に言えば」と言ってしまう人は、相手の気分をかなり害しているのです。

なぜこのような言い方をするのかといえば、そこに自己顕示欲があるからと考えられます。常に「他の人とは違う」と思っていて、「違う自分」をアピールしたいと考えている。そのため、ついつい「逆に言えば」といった言葉で独自路線をアピールするのです。問題は、そのわりには、本当に独自のアイデアなどをもち合わせていないという点なのです。

「逆」はNGワードに

この口癖を直すためには、先ほど述べたように逆接的なものの言い方全般を避けることが望ましいのですが、それが難しいというのならば、「逆」という言葉だけでも避けるように心がけてください。

相手の話を認めたうえで、自分の意見を述べることがコミュニケーションの基本ですから、「別の視点で言えば」「角度を変えて見れば」くらいの方が、「逆に言えば」よりは、まだ多少は無難かもしれません。この場合では、むしろ「角度を変えて見れば」と言う方がよいでしょう。

これは、本当に便利な言い方で、相手の言葉を否定せずに、肯定的な興味を湧き立たせます。その方が会話も発展的になります。

●ポイント

・「逆」という語感は思っている以上に強く、相手の神経を逆なでしやすい。

・「逆に言えば」ではなく「別の視点で言えば」「角度を変えて見れば」に言い換える。

5 「あと」の無間地獄

【ケース5】

部下「～ということでした」

上司「ああ、お疲れ様」

部下「あと、そういえばその時先方の加藤さんが、来期の発注のことも言っていました」

上司「あっそう。じゃあまた見積もりを出さなきゃね」
部下「あと、その時に方式を少し変えることも検討したいと」
上司「それなら一応2パターン考えておくかな」
部下「あと、その方式なんですけど、A社みたいな感じのものもイメージしているそうで」
上司「ああ、わかった」
部下「あと、それに関連して……」
上司「……（ウンザリ）」

＊＊＊＊

ネバーエンディングインタビュー

「あと……」は私が最も迷惑だと感じている「余計な一言」です。このケースでの上司の気持ちは痛いほどわかります。私も「あと」の被害をよく受けているからです。

私は、日頃、いろいろなメディアの取材を受けています。一日のうちに何本もインタビューを受けることもあります。

その際、事前にインタビューは三〇分と約束していたのに、開始から三〇分が経った頃、「あと……」を繰り返して質問する取材者がとても多いのです。そのインタビューのあとには、次の取材があるので、そうそう時間を割けません。

そもそも私は取材の際は、事前に、メールや文書で、質問事項を送ってもらうという形を採っていますので、それらを全部説明すべく準備し、てきぱきと答えることにしています。

効率よく質問すべてに答えたつもりであっても、補足の質問が出てくること自体は仕方がありません。こちらの答えによって、新たな質問が出てくるのは当然です。しかし、「すいません。あと……」と追加の質問が延々と続き、本題からどんどん逸れてしまうことも多いのです。こうなると、事前の準備の意味がありません。一体いつ終わるのか、と不安になることもよくあります。

読者の方も、日常の会話で「あと……」への不快感をもたれた方も多いと思います。「あと」という言葉は、予告なく話が追加され、さらに終わりが見えないという無間地獄のような悪質な「余計な一言」だと私は考えています。

小学生の口癖

私は「あと」という言葉を、「人間の成長度を測るバロメーター」にしています。というのは、学校の教育現場を見てくるとよくわかるのですが、「あと」は小学生が多用する言葉なのです。とにかく次から次へと、「あと、あと」と言い続ける。小学生ならば許されますが、大学生や社会人が同じようにしゃべっているのを聞くと、とても違和感があります。精神的に幼く、社会性が希薄な人だと思えてしまうのです。

「あと」を多用する人は、全体の話の着地点が見えていないうえに、どこで話が終わるか、よく考えていません。

まるで、結末を考えないままに小説を書き始めた素人みたいなものです。結末やオチがわからないので、思いつくまま、論旨の展開も登場人物の描写もまちまちのまま、どんどん書いていく。これではまともな小説にはなりません。

喫茶店で友人同士が気楽なおしゃべりをするのならば、「あと」が連発されてもいいのです。しかし、ケース5は、会社での業務報告の場面です。こういう場において普通の大人は、頭の中で言うべきことを整理したうえで伝えるようにします。社会人の心得としては、優先順位の高いものから説明するということが常識ですが、幼稚な人にはこれができないのです。

話したい事項がいくつあるのかを最初に伝えるのは、一つのやり方でしょう。まず「要点が三つあります」と前置きし、順番に話していけば、報告を受ける上司も安心して聞いていられます。それ以外の細かいことについては、口頭ではなく文書にするというのもいいでしょう。「追加の案件は文書でご報告しますので、後ほどご検討ください」とすれば、円滑に運びます。

ところが、その最初の提示がないと、重要な報告がまだあるのかもしれないと思わせ、終わりが見えないいらだちも生みます。

では、報告ではなく、取材などの際にはどうすればいいのでしょうか。先述したように、用意した質問以外に、派生的な質問や、取材過程で新しい疑問が浮かんでくることはよくあります。

これは致し方のないことですが、こういう場合も、やはり「あと」はつかわないほうがいいでしょう。たとえば「あと」ではなくて、「今のお話をうかがっていますと……」「お話をうかがったうえで、興味が湧いたのですが……」というように、前の話の流れとつなげて聞いていくのです。話には流れがありますから、その流れを止めないように注意して話せば、相手も乗っていきやすいものです。一つの話がまだ続いていると思わせていく。

「あと」をなくすトレーニング

さて、「あと」をなくすために有効なトレーニングをご紹介しましょう。この訓練は、近い将来社会に出ていく大学生にも課しています。社会人になって「あと……」などと言っていては恥ずかしい限りです。上司は決定すべきことや報告事項などが山積していて、たいていは日々忙しいため、あまり悠長な話を聞きたくないのが普通です。

簡潔に要点を話せるようになるにはどうすればよいのか。その感覚を体得するために、学生にやってもらっているのが、ストップウォッチをもって行う「一五秒プレゼン」です。

意見を言う際に、一五秒以内で簡潔に述べることを義務づけるのです。一五秒なんて短すぎる、と思われるでしょうか。

しかし、テレビのＣＭを考えてみてください。通常一五秒、長くても三〇秒が基本です。企業はたった一五秒の中で、商品や自社についてアピールしていますし、多くの場合、それは視聴者にきちんと伝わっています。

このトレーニングを行う授業においては、学生たちにはストップウォッチを傍らに置いて、一五秒以内に自分の意見を述べるようにさせています。

もう少し深い話をする際には、三〇秒以内とすることもあります。面白いもので、一五秒のプレゼンを徹底的に練習し、できるようになってくると、倍の三〇秒もあると、妙に長い時間があるように思えてきます。一番重要なことを最初にコンパクトに話せるようになってくるのです。

こうなると、「あと」を繰り返すことはなくなります。しばらくこの一五秒トレーニングを続けていくと、「あと」という言葉は絶対に出てこなくなるのです。

一秒の重さ

テレビに出演するようになってから身にしみてわかったのは、テレビ番組は秒単位で構成されているために、制限された短い時間で、わかりやすく、まとまったコメントをしなくてはならないということです。一秒の重さを肌で感じさせられます。

その重さを感じていると、「余計な一言」を発するような悪癖が身体から抜けていきます。全体像を俯瞰して、素早く理解し、プレゼンの設計図を描き、初めに言うべきことをまとめるという頭の作業が習慣化して、コンパクトな発言で、相手に伝わる話し方が身につくようになります。

そうなると、報告など文書を書く際にも効果が現れます。報告をA4用紙一枚の文書に上手にまとめられるようにもなります。文字ばかりで埋めるのではなく、①、②、③と、重要な点を簡潔にまとめられるようにもなります。これらのスキルが身についていれば、会社の仕事が早くなり、プレゼンも上手になり、とても重宝されます。物事の理解が早まり、仕事の問題点や重要度を早く見つけることができるのです。

大学生たちは若いだけあって、体得するのも早いのですが、既に社会人になった方にも実践されることをお勧めします。

最初は恥ずかしいかもしれませんが、会議や報告のたびにストップウォッチを携帯して、一五秒を基準にトレーニングをやってみることをぜひお勧めします。

このトレーニングのおかげで、私は今やストップウォッチがなくても、自然に一五秒から三〇秒で、コメントや解説ができるようになりました。

なお、この一五秒プレゼンのトレーニングをすると、さらに重要なことに気づきます。

それは「時間の貴重さ」です。私は、「時は金なり」どころか、貨幣よりも時間の方が大切で、重要な資産であると考えています。

学校で言えば、効果のない授業をやったり、ダラダラ話ばかりする教師は、損ばかり出しているファンドマネジャーのようなものです。生徒からお金を預かっておきながら、ボロ株に突っこんだり、寝かせっぱなしにしているのと変わりません。

お金については多くの人が神経質で、一〇〇〇円でも貸せば、返してもらうまで覚えているものですが、なぜか時間に関してはルーズな人が多いのです。しかしお金ならば穴埋めもできますが、過ぎ去った時間は取り返しがつきません。その意味で時間のほうがはるかに貴重なのです。

「あと」を繰り返す人は、他人の時間という、お金よりも貴重なものを奪っていることを自覚して欲しいものです。

●ポイント

・「あと……」を多用する人は、幼稚である。

・まず全体図を示して、効率よく説明する。

・一五秒で重要なことから伝えてみる。
・ダラダラした話は他人の時間を奪っている。

6　二重否定という罠

【ケース6】
読者A「ベストセラー小説の○○って本、読んだ？」
読者B「読んだよ。面白くなくはなかったけど……。長いけど、一気に読めなくもないよ」

＊＊＊＊＊

白黒はっきりつけない人

面白かったのか、面白くなかったのか、一気に読めないのか、読めるのか、ストレートにはっきり言ってほしいと感じてしまいますが、このような「二重否定」で話す人は実は少なくありません。

Bさんはなぜ二重否定を用いたのか。たとえば次の三つの理由が考えられます。

理由①その小説を面白いと思ったが、少しひっかかるところがあった。

理由②Aさんの質問の真意がわからないので、態度を保留して、探りを入れている。

理由③普段から物事をはっきり言わない癖がある。

①の場合、このような言い方になるのも無理はないかもしれません。

②はどういうことでしょうか。

日本人には、あまり白黒をはっきりさせない傾向があります。会話で、相手の反応を見ながら、相手が好印象なら調子を合わせて喜び、印象の悪い人ならその話の流れに合わせていくのです。探りを入れようとしている場合には、このケースのように「二重否定」をつかいがちです。

「えーっ、あの本、面白かったじゃない！」とAさんが言えば、「うん、だから面白くなくはないって言ったじゃない。基本的にはよい本だと思うよ」とBさんは返すことができます。

逆に「何だかイマイチだったよね」とAさんが言った場合でも、「うん、面白い、と素直には言えないよね」と言えます。

態度をあいまいにして、白黒はっきりつけない言い方には、このようなメリットがあるわけです。

Bさんは戦略的に二重否定をつかっているといえます。

③の場合、単なる癖になっていることになります。

たとえば、「ここのお店のお菓子、おいしいよね。食べてみて、どう？」と聞かれて、「おいしくないっていうことはないんだけどね」と二重否定で答えてしまう。

これではその人が、そのお菓子をどう感じたのかが、よくわからないのです。ニュアンスから何か不満があるということだけは察することができますが、聞いている側には不快感が残ります。もちろん、何か不満ならば、そういう言い方もよいでしょうが、そこまで考えずにこういう二重否定をつかう癖がある人がいるのです。その歯切れの悪さが相手に不快な思いを生じさせています。

明言の魅力

私の育った静岡では、関西と比較すると、慣習としてはっきりとものを言う人があまりいません。ほかの土地の人にとっては、イエスか、ノーかわからない、微妙な話し方をする人が多い。しかし同郷の者同士はこれで何となく意思の疎通ができています。

③の理由の場合、Bさんは、こうしたあいまいな物言いをする人だということになるのです。日本人的な感性をもつ人たちの間では、この手のあいまいさも許容される面はあります。

しかし、このような言い回しを作家やエッセイストが多用すると、文章としての魅力が失われることにつながります。

基本的に、物事はスパッと言い切った方が、魅力がより出てくるのです。これは、周囲が明言できないことを、はっきりと言ってもらうことを、誰でも密かに求めているからです。

この言い切り方は、たとえば、批評家などには望まれています。辛口評論家に人気があるのもそのためで、「書評や映画評などでは、良いか悪いか、はっきりと表明してほしい」と、読者は思っているのです。

①〜③、いずれの理由にせよ、聞く側としては、二重否定はあまり気持ちのいい表現ではありませんし、多用されると、「結局何が言いたいんだ」と、不愉快な気分にもな

ります。

それでは、二重否定という言い回しを避けるにはどうしたらよいのでしょうか。

①の場合、Bさんは、その小説に何か「ひっかかる」ところがあった。そのため、あいまいな表現になった。この二重否定で表現した、「あいまい」な部分を具体的な表現に置き換えていくように言葉を補うことが必要なのです。

「あの本は、文章やストーリーも心地よく読めて、結末も劇的なんだけど、あの登場人物を出した意味はよくわからないんだよね」

たとえば、このように、ひっかかる部分を補ってあげるとよりよくなります。

これは②の場合でも同様で、具体的な表現をすればそこから話は展開していくので、Aさんが気を悪くすることはないでしょう。

やっかいなのは③です。たいしてひっかかりがあるわけでもないのに、自信のなさの現れとして二重否定をつかっているとすれば、それこそ無意味です。こういう言い方はスマートに聞こえないということを自覚したほうがよいでしょう。

明言することで大きな問題が発生しかねないような局面ならばともかく、日常会話において、あいまいな表現を繰り返す人は、他人からあまり信用されませんし、好感をもたれません。

法律のややこしさ

ところで、ときと場合によっては、二重否定をつかわざるを得ないこともあります。たとえば、法律の世界では、「～にならないとは、必ずしも言えない」というふうに、否定に否定を重ねながら述べることがよくあります。これは法律上の事案では、厳密さが要求され、安易なことを言えないことが多いからです。

私が東京大学の法学部に学んでいた頃に、ある講義で、二重否定を嵐のように多用する教授がいました。

話をいくら真面目に聞いていても、その教授が、その件について最終的に肯定しているのか、否定しているのか、よくわからない。語尾で否定に否定が重なっていくので、そのたびに結論はひっくり返ります。

そこまで結論をあいまいにしなくても……、と当時は思ったものですが、そのような表現には意味がある、ということも後でわかってきました。簡単にストレートに明言してしまうと、法律の場合は、本質的な誤解が生まれてくるケースがあるのです。

もちろん、これはあくまで特殊なケースであって、日常会話などでは二重否定を多用しないほうがよいことを繰り返しておきます。

●ポイント

・二重否定は会話では乱用しない。
・具体的な感想や意見を言うようにする。

第二章　本音はいつも必要ではない

1　「たけし」「松本」「有吉」気取りの毒舌

【ケース7】

結婚披露宴にて――。

上司「このたびは佐藤君、陽子さん、ご結婚おめでとうございます。佐藤君が入社したのは五年前。最初はずいぶん線が細い青年で心配でした。

その後はたくましくなった……かといえば、そうでもない気もしますが、まあ結婚できて本当によかったと思っています。

これで少しは仕事の面でも伸びてくれれば、と心から願っておりますが、さて、どうなることか……。

なにはともあれおめでとうございます。離婚なんてことにならないことを心から祈っています」

＊＊＊＊＊

毒舌はプロのためのもの

部下の晴れの日に、気の利いたことを言おうと、〝毒〟を入れて、面白く話そうとして大きな失敗をしています。披露宴だけではなく、パーティや会社の会議などでも見られるケースです。このような笑えない祝辞を言ってしまう人が巷にはよくいます。

結婚式の挨拶で、毒舌めいたスピーチで笑いを取ろうとして、この毒の配合を間違えているのです。「話に毒を入れる」際には、少量で効き目のある毒を入れる必要があるのですが、実はこれはとても難しい技術なのです。

この上司は、ビートたけしさん、松本人志さんや有吉弘行さんを真似ているつもりかもしれません。しかし、素人が彼らの真似をしてもよいことは決してありません。

有吉さんは、長い低迷期がありましたが、この毒の絶妙な調合による入れ方で、復活を遂げ、いま最も人気のある芸人さんの一人になっているのです。

実際に、スタジオで本人にお会いしてみると、実に気が利く、とても丁寧な方です。

配慮や気配りがよくできて、仕事ぶりもてきぱきとしています。彼の実像は、極めてまともな常識人なのです。だからこそ、絶妙に毒を用いることができる。

有吉さんとは番組でご一緒させていただきましたが、常に相手との距離感や言葉の選び方が的確です。そのため収録も短時間で終わります。無駄なく面白くコメントできる〝打率の良さ〟はずば抜けていて、本当に驚くべき能力の持ち主だと思いました。

「毒舌」というのは、きちんと常識を踏まえ、あるいは場の空気が読めて、トークも上手であり、笑いを起こさせるプロの芸人だからこそつかえる技術です。社会で許される限度の気の利いた分量の毒でないといけませんし、この調合がとても難しい。素人は、基本的に真似しない方がよいのです。

このケースでは、「ずいぶん線が細い青年で心配でした」はマイナスの情報ですが、話の流れで、このマイナス情報がプラスに転じれば、普通に褒めるよりも効果的なはずです。成長の大きさが強調できるからです。

当然、周囲も褒める展開になるだろうと思って聞いていたら、「そうでもない気もしますが」と余分な毒を盛ってしまいました。上司は、ここで笑いが取れるところだと勝手に思いこんでいたわけですが、すべってしまった。新郎をはじめ、出席者の表情が渋くなっていくのが目に浮かぶようです。

まず、この上司は披露宴という「場」のことを考えていないのが問題です。こうした場には、いろいろな人が出席しています。とても真面目な人もいれば、くだけた人もいるでしょう。洒落が通じない人も多くいるはずです。そもそも半数近くの人は、新郎の顔をここで初めて見るわけです。上司のほうは「彼が優秀なのはみんな知っているだろうから、あえてギャグを言ってみよう」程度に思ったのかもしれませんが、そんな前提を知らない人が多くいるのです。

これが社内の忘年会であれば、参加者全員にある種のコンセンサスがあるので、笑いが取れたかもしれません。

しかし、披露宴のような場では大問題になってしまいます。「最近たくましくなったな」と言ってくれると思っているのを、わざと外して笑いを取るというのは、あくまで内輪の飲み会のような場でかろうじて許されるものであって、フォーマルな場では、このようなリスクは絶対に冒さないようによく注意すべきです。

最初に「線が細い青年が、たくましくなりました」と、スッキリと決めないと、その後の毒もマイナスがマイナスを呼んでしまうのです。

真実は黙すべき

上司の心理を察すると、まだ若い新郎に対して、いろんな感情が入り混じっている可能性もあります。必ずしも直接的に褒めたくないという気持ちが実際にあるのかもしれません。そのため余計に、スッキリと褒める挨拶をすると、自分としては面白くない。だから、周囲の期待を覆す毒を入れて、笑いを取りつつ、真実を伝えたいという思いがあったとも考えられます。

しかし、ここには根本的な勘違いがあります。そもそも結婚式の披露宴は「真実を伝える場」ではありません。逆に真実を吐露してしまったら無礼な失態になることがはるかに多いのです。

型どおりであっても、常識的な範囲での冗談にとどめ、最後には新郎を褒めて、出席者の面前で、新しい夫婦の門出をお祝いしてあげるというのが礼儀です。その結果、祝辞があまり面白くなかったと評されることを、恐れないで挨拶することが大切なのです。

そうでないと、思った以上に恨まれることもあります。

「披露宴で、酷い挨拶をして恥をかかせた。あの人だけは許せない」

こういう受け取り方をする人もいるのです。挨拶する側は、そういうリスクを冒すべきではありません。

最初に褒めて、最後にも褒める。これが基本なのです。

一つ二つ、ジョークや失敗談を入れたくなる気持ちもあるでしょう。もちろん、入れてもいいのです。しかし、「毒の調合」には細心の注意が必要だということを忘れてはいけません。新郎新婦への親しみを示すための微量の毒が、猛毒になる危険性には要注意です。

新郎への期待や仲のよさをアピールしているつもりが、逆効果となってしまい、誰も笑えない挨拶になってしまうことがよくありますので、よくよく注意が必要です。

毒を入れずに無難な挨拶で終わっても誰も傷つきません。しかし毒を入れて笑いが取れなかった時には、挨拶した方も、された方も、大きな傷を負うのです。

こういう痛い思いを、トップの芸人であるたけしさんや松本さんや有吉さんは、みんなたくさん経験してきたからこそ、現在があります。その痛みから学び、上達してきているわけで、毒舌は完全にプロの技術なのです。

「アメトーーク！」（テレビ朝日）など人気のあるテレビ番組では、ひな壇に並んだ芸人が、仲間同士で毒舌を交わします。この応酬が許されるのは、恥ずかしい話が暴露されても、それが芸人として「おいしい」と見なされるバラエティ番組の世界だけの特殊事情です。ひな壇で起きている芸人同士の戦いは、プロレスのようなものです。一見、できそうに錯覚する芸でも、一般人には決して真似はできないのが現実です。

そんなプロたちの毒舌の技術を、日常での挨拶や対話に取り入れるのは、素人には至難であり、高度過ぎるという事実を知っておいてほしいと思います。

祝辞は素直に

このケースと似たような出来事がありました。

二〇一三年、国民栄誉賞を長嶋茂雄さんと松井秀喜さんが受賞した時のことです。東京ドームでの授賞式で、安倍晋三総理が挨拶し、「アンチ大鵬、アンチ巨人で、巨人大鵬が苦手だった私でも……」と言ったのです。そこからおめでたい言葉につなげていったものの、その前置きはその場で言わなくてもよかったことだと感じました。

安倍総理がかつてアンチ巨人だったことなどは、国民は知りません。仮に知っている人がいたとしても、「お前はアンチ巨人だったじゃないか！」などと糾弾してくることもありません。国民が長嶋さんと松井さんをお祝いしようと注目している中で、このような発言は、場の雰囲気を壊してしまう「余計な一言」になってしまいました。

リアリティを出そうとしたのか、気の利いたスピーチをしたかったのか。いろいろ考えた末のことだったのでしょうが、いずれにしても、その発言の効果は微妙で、逆に国民的な慶事に少々水を差す危険性がありました。

このケースでは、この前置き以外では祝意にあふれた言葉が続いたので大過なかったわけですが、私たちは「祝辞は素直に」を基本にするのが無難です。

本音を言うな

政治家はよく「本音」を漏らして問題になります。特に太平洋戦争関連の歴史認識を巡っては、その種の失言騒動は後を絶ちません。本書では、誰の歴史観が正しいとか、間違っている、という議論には踏み込みません。ともあれ、多くの場合、政府の方針とは別に、その政治家が信念として思っていることがあり、その人が信じる「歴史の事実」を「本音」として口にすると、政治問題化するという現象はよく見られます。

おそらくこういう人は、「本当に思っていることを黙っているのは、何だか不誠実な気がする。この本音を隠しもつのはいけないのではないか」と思って、溜めこんでいたものを吐き出すように、本音を漏らしてしまうのでしょう。「王様の耳はロバの耳」という寓話《ぐうわ》と同じことです。

そういう気持ちは人間に共通のものなので理解はできます。しかし、そもそも政治家に求められる資質として、「話したくても話してはいけないことを、話さずに我慢できる」という精神的な強さも含まれているはずです。本音を言ってスッキリする職業ではなく、むしろ逆なのです。もしもどうしても吐き出したいのならば、家庭など完全に秘密の守れる場でやるべきです。

もう一つ、本音を言うことにはさしたる意味がない、という認識も必要です。本音を言わないと気分が悪い、不誠実な気がすると考える人は、その本音イコール自分であると思ってしまっています。しかし、その「本音」だと思っていることだって、永久不変とは限りません。いま「本音」だと思っているものも、新しい情報が一つ加わるだけで、ガラッと変わってしまうかもしれません。絶対の真理だと思っているけれど、表面的な好き嫌いや思い込みや偏見だということもよくあるのです。

ほとんどのことは「本音」ではなくて、あくまでもその人の「現在の認識」もしくは

「一つの認識」に過ぎないと思ったほうがよい。それは刻々変化するものなのです。

パーティで余計な「毒舌」「本音」を口にする人や、失言をしてしまう政治家には、そういう認識が足りないのです。

勝海舟と有吉弘行の共通点

ところで、もしも歴史上の人物で誰か一人に会わせてもらえるとしたら、私は勝海舟を選びます。勝海舟の語録である『氷川清話』は、私の中学校時代の愛読書でした。今でも読み返すたびに刺激を受けています。これを読むたびに、会話してみたら、きっと面白い人だろうと思うのです。

勝海舟は、江戸城を無血開城させただけあって座談の名手です。江戸っ子で、粋な話題を次々と出してきて、読む者を飽きさせませんし、人物を見抜く眼力も並ではありません。

たとえば勝は、西郷隆盛のことをこう評しています。

「西郷におよぶことのできないのは、その大胆識と大誠意とにあるのだ。おれの一言を信じて、たった一人で、江戸城に乗り込む」

藤田東湖については、「かれ東湖は、書生を多勢集めて騒ぎまわるとは、実にけしからぬ男だ。おれはあんな流儀は大嫌いだ」（勝部真長・編『氷川清話　付勝海舟伝』〈角川文庫ソフィア〉より引用）と厳しい。

調べてみると、勝は「余計な一言」も言ってしまうタイプなのですが、それがあまり嫌味に聞こえない。眼力もあるので、褒めるところのある者は、ものすごく褒めるわけです。話術も巧みなうえに、「余計な一言」をフォローする技術も相当高度だったのでしょう。明治維新の志士たちにも、旧幕閣たちにも、嫌われるどころか、好感をもたれていたようです。

現代の毒舌芸人と称される人たちは、勝海舟と同じような能力の持ち主だとも言えるでしょう。たとえ行き過ぎた発言をしても、それを自らフォローできるのです。

有吉さんとマツコ・デラックスさん、夏目三久さんが出演している「マツコ&有吉の怒り新党」（テレビ朝日）は、その高度な技術を見られる、とても興味深い番組です。基本的に視聴者の投稿を元に、有吉さんとマツコさんが毒を交えてトークを展開するという構成なので、テレビというよりは、昔のラジオの深夜放送に近いものになっています。実は、深夜放送でやっていたようなことを現代のテレビでできているのは、かなりすごいことなのです。なかなかできることではありません。

少しでも踏み外すと、「炎上」する世の中ですから、その地雷を避けつつギリギリのところで面白く毒を吐かなくてはいけない。それにはかなりの才覚が求められるのです。

●ポイント
・素人の「毒舌」ほど危険なものはない。
・笑いを取ろうとすると、「余計な一言」を生みやすい。
・結婚式などの「場」では型にこだわる。
・多くの場合、「本音」は必要とされていない。

2　コメントには用心が必要

【ケース8】
ワイドショーにて――。

キャスター「本当に男心をもてあそんだ、とんでもない詐欺師ですね。どう思いますか?」

コメンテーター「そうですねえ。でもちょっとこの人の顔、僕の好みなんですよ。美人だから一回くらいは会ってみてもいいかな、なんてつい思ってしまいました」

＊＊＊＊＊

誰もがコメンテーターになった

この程度の発言は、かつてはそう問題になりませんでした。

私が情報番組に出演するようになった一〇年ほど前は、まだ大らかでした。テレビは、本や雑誌に比べたら制約もある一方で、瞬時に流れていくメディアなので、多少過度な発言をしても見逃される、という空気もあったのです。

しかし、最近はネットの発達の影響もあって、少しでも不謹慎だと受け止められるような言葉は、大変な非難を浴びる可能性があります。コメンテーターは以前に比べて、厳しい監視のもとに置かれるようになっていると実感しています。ニュースについて思ったことをそのまま話してはいけないというのが、コメンテーターとしての暗黙の了解事項です。

テレビでの発言は、いまや流れ去って消えるものではなく、ハードディスクに保存されるものになりました。それをネットで公開する人もいます。それだけに、「ついうっかり」が許されにくくなってしまいました。

この傾向は、コメンテーターなどテレビに出る人だけにとどまりません。現在は、あらゆる人がブログやツイッターで自由に発信できるようになっています。本人がツイッターをやっていなくても、その発言を聞いた人が勝手に「発信」してしまうこともあります。

そのため、一般の人までが、まるでコメンテーターのように発言が引用され、暴露され、あちらこちらで広まり、問題化していく現象が起きるようになりました。

誰しもが「問題発言」を発信する可能性があるわけです。

ツイッターやフェイスブックの爆発的な普及によって、かつてはマスコミに出て発言する人間が危惧し留意していたこと、発言の影響というストレスをみんなが抱えるようになってしまったと、私は思っています。

デリケートな話題

さて、このケース8をもう少し考えていきましょう。

女性犯罪者などについて、「美人だねえ」などと、気楽に言うコメンテーターが昔はいました。「美人結婚詐欺師」といった表現も珍しくありませんでした。しかし、このように容姿について言及すること自体がデリケートな問題になりつつあります。

この背景には、セクシャルな好みや性的な嗜好《しこう》を個人の感想のように公的な場で発言するということに、世間がとても神経質になってきたということがあります。

同様に、大学などでも、「あの学生は美人だよね」などと軽はずみな発言はできなくなりました。女性に関して個人の性的な好みの対象として見ているような誤解を招き、それがまたたく間に問題化することがあり得るからです。

昔なら、「男を惑わせるタイプの女性」などという言い方も、褒め言葉と受け止められていたかもしれません。しかし、今は当の女性が、不愉快だと言えば、セクハラだと認定されてしまいます。

職場や学校でもそうなのですから、テレビのように発言がより広範囲に影響する場では、個人の性的な好みとか、女性の容姿について安易に発言するのを、意識的に避けていかなくてはならなくなりました。不用意な発言が、その部分だけ切り取られて、ネット上ですぐに広まってしまい、引用に次ぐ引用の末に、みんなが知る大問題になってしまうのです。

そのため、世間とは少し違う角度からの発言をする際には、それなりのリスクを伴うという覚悟が必要です。私もコメンテーターとしては、そのあたりの境界線を考えながら話すように心がけていますが、社会がどんどん「不寛容」になっていることを実感しています。

この「コメンテーターの言葉」を擁護するわけではありませんが、私は、ちょっとした一言が許せないという風潮が行き過ぎることは問題だと思っています。本来、利害関係者でも何でもない人たちが、「許せない」とネットで騒ぎ立てることが増えています。些細な失敗や不祥事に対して、「絶対許せない」「もう消えてしまえ」「芸能界追放だ」など、過激な言葉で攻撃するようになっています。自分と関係のないことに対してもとことん責め立てるという過剰な攻撃衝動が募り、不寛容な態度が蔓延して、世の中が窮屈になっているようにも思えます。

このような風潮に変化が起きることを祈っていますが、あえて火中の栗を拾う必要もありません。テレビのコメントと同様に大学でも、講義などの際に、自分で言葉をチェックするフィルターがより多くなりました。万が一にも誤解を招く言い方でないかどうか、いつも検討しています。

「送信前チェック」を習慣にする

一般の人がネットなどで「余計な一言」を発信しないための予防策としては、自分の言葉の拡散ルートを、できるだけ限定的にするとよいでしょう。

現代のネット社会においては、多くの人が昔とは比べ物にならないくらいの発信を日常的に行っています。昔ならば、身の回りの人や職場の同僚、学校の同級生などと会話をする程度ですんでいましたが、今はそうはいきません。毎日何通ものメールを書き、それ以外にもLINEなどで会話をしています。

問題は、一時的なやりとりでも、ネット上の文字はずっと残ってしまうという点です。つまり、メールで「余計な一言」を発してしまったら、先方で消さない限り、ほぼ永遠に残ってしまうのです。

そうなると余計に、メールでの発言には用心深くあるべきでしょう。メールでの問題をなくすため、または軽減するために、私は、文面を書き、送信のクリックをする前に、少し時間を置いて読み直す、「送信前チェック」の習慣を身につけるようにお勧めします。

送信する前に、さっと読むのではなく、許される限り時間をかけて、読み直すのです。できれば「つぶやき音読」するか、プリントした文面で読むようにすると、言葉の間違いや言い回しのトラブルをより防げます。それができない場合でも、できる限り時間をかけて読み直してみると効果的です。

私は、以前タクシーにサイフを忘れてしまい、大変な目に遭いました。これを防ぐために、ある時から訓練して身につけたのが、「ルックアフター」という習慣です。タクシーを降りる時に、必ず座席をよく見る。これだけで忘れ物はなくなりました。結果として、ストレスの軽減にも役立ちました。

メールでもブログでもツイッターでも、送信やアップの前に書いた文章を見直す癖をつけるようにしましょう。最初は時間がかかりますが、次第に慣れてくると、思いのほか、早くチェックできるようになります。「余計な一言」を生んで、どうしようもない過ちを犯す前に、この習慣を身につけた方が長い目でみれば役立つのです。
このような「チェック習慣」は、ネットのみならず普段の会話にも役立ちます。

●ポイント

・思ったことをそのまま発言してはならない。
・誰でも「問題発言」を生む可能性がある。
・「送信前チェック」の習慣を身につける。

3 言いっぱなしで逃げる人

【ケース9】

路上にて——。

おばさん「あっ、あなたテレビに出ている小林さんでしょ、写真撮らせてくれない?」

小林さん「いいですよ」

おばさん「どうもありがとう！　お元気？　最近はあまり見ないなあと思っていたのよ」

＊＊＊＊＊

ネガティブな言いっぱなし

テレビに出ていると、こんなふうに声をかけられることはよくあります。先方にとっては知っている人であっても、私のほうはその人を知らない。

この場合、写真の撮影はＯＫという人も多いでしょうが、「あまり見ない」の部分が明らかに余計です。そう言われても、どうしようもありません。相手が答えようのないネガティブな評価や感想を最後にくっつけているのが、問題です。

おばさんに悪気はないのでしょうが、相手への配慮が欠けています。小林さんが実際に仕事が減っている芸人だったら、相当傷つくはずです。

一般の人同士でも、ちょっとしたイヤなことを言われることはあります。「顔色悪いよ」とか「疲れた顔してますよ」程度でも、少し気分が悪くなります。

大学の構内で、教員とおぼしき、面識もない男性とすれちがった時のこと。彼は唐突に、

「テレビ出過ぎですよ！」

ビックリしているうちに、その男性は去ってしまいました。

大学の人たちはほとんど好意的に接してくれますが、まれにこういう人はいるのです。この種の人は、いつも「余計な一言」を言っては嫌われているのではないかと思います。

こういうタイプの人に他人への気づかいを自覚させるのは、なかなか大変なことなのです。そもそも何か言おうにも、誰なのかわからぬまま、すでにどこかに行ってしまっています。

彼らを反面教師として導き出せる教訓は、「相手へのネガティブな評価を話の最後にもってくるのは、やめたほうがよい」ということです。まるで相手を傷つけるだけの捨てゼリフのようになってしまうのです。

もしも、どうしてもネガティブな評価を伝えたかったら、話の前半にもってくるように心がけるとよいでしょう。

「最近テレビで見かけないけど、残念。もっと小林さんを見たいのに……」

こう伝えれば、小林さんには「ファンが淋しく思っていてくれている」というポジティブな余韻が伝わることになります。そうすると、「そうなんですよ。このところ出演の回数を減らしていたんです。でも、また来月からの新番組に出ますよ」

というように返事もできるので、会話が広がっていくのです。

話の順序に気をつけて、相手の心情を慮れば、「余計な一言」ではなくなっていきます。

相手にとって不都合なことやネガティブなことを、ストレートには尋ねず、オブラートに包んで聞くというのが、暗黙のルールだと思います。

コンプレックスに配慮する

こうした通りすがりの「言いっぱなし」に限らず、相手が答えようのないネガティブな評価や感想を伝えるのは、やめるべきです。

特にその人の状態がよくないときの情報は、相手に心痛を与えるどころか、その人のコンプレックスを刺激するし、ときには新たなコンプレックスをつくってしまうこともあります。いつまでも「余計な一言」が心の滲《し》みとして残ってしまうおそれがあるのです。その滲みは、あなたへの反発や敵意として残ります。相手と揉《も》めたいのでない限りは、そのような滲みをつくるべきではありません。

人間関係を円滑にするには、相手のコンプレックスを察知するアンテナを発達させていく必要があるのです。

他人とのコミュニケーションを考えるうえで、「コンプレックス・アンテナ」はとても重要です。他人のコンプレックスや、今、相手が気に病んでいることや、過去の出来事で思い出すたびに悩んでいることに関しては、その原因を具体的には聞かなくても、「心境を察知してあげる」のがよいのです。

しかし、この「相手の心境を察知する」のが、コミュニケーションでの一番難しいところでもあります。

無神経な質問などは、聞くこと自体で人間関係を壊してしまうこともありえます。たとえば、子どもがいない夫婦に、「お子さんはまだ?」と尋ねることには慎重にならなくてはなりません。

その夫婦は子どもをあえてつくらなかったのかもしれませんし、できなかったのかもしれません。また、幼いうちに亡くなったといったような複雑な事情を抱えているからかもしれません。

結婚、就職、容姿等、個人によって事情の異なることには、コンプレックスが隠されていることが多いのです。その人のコンプレックスにあたりそうなところを推察して、見極め、そうした話題は避けていくのがよいでしょう。

●ポイント

・相手が答えられないようなネガティブなことは話さない。
・ネガティブな要素は話の前段としてつかう。
・相手の事情や心境を推測したうえで、質問を選ぶ。

第三章　バカ丁寧は迷惑

1　「お」の乱用

【ケース10】

　コンビニにて――。

店員「お買い上げのお弁当、お温めいたしますか？」

買い物客「…………」

＊＊＊＊＊

おポテトチップ

丁寧に話さなくては……と思うばかり、何でもかんでも「お」をつける人がいます。

「お」をあらゆる名詞や動詞につけることが、最近はより増えているように、私には思えます。

「お」は、漢字の「御」にあたり、「御用でしょうか」など、敬語として相手に丁寧に伝える際に用いる接頭語です。しかし、このケースのように乱用すると、あまりにおかしな言い回しになってしまいます。丁寧に言おうとしたのに、まるでコントのように滑稽な文句になってしまうのです。

この場合は、「お」の数を減らすべきですし、「いたしますか」も不自然なニュアンスになります。「こちらのお弁当を温めますか?」という言い方で充分丁寧です。この方が、買い物客にも自然と伝わります。

「お」のつかい過ぎは、言う方も聞く方も、煩《わずら》わしくなり、遂には疲れ果ててしまうのです。

私は、「こちら、温めますか?」くらいのほうが、すっきりとして伝わりやすいと思います。

「お買い上げの弁当」と言うと、ちょっと乱暴な感じがすると思い、「お」をつけているのでしょうが、別の商品の場合、「おポテトチップ」や「おヨーグルト」や「おフライドチキン」などとは言いません。

コンビニなどの場合、必要最小限の丁寧さと情報でよいと思います。「お買い上げのお弁当」と言う必要性もありません。そもそも「お買い上げ」されていないお弁当は温めないのですから……。

そのように、お客さんをイラつかせたり、不愉快にしない、その程度のシンプルさで対応すればよいのです。

シンプルさも相手への親切の一つなのです。

このシンプルさが必要なのは、プレゼンの時も同様です。丁寧過ぎて余計な修飾語や余計な言い回しが多くなってしまうと、本当に伝えたいことが隠されてしまいます。

シンプルな言い方が、「余計な一言」の予防策になるのです。

●ポイント

・「お」をつければ、丁寧になるわけではない。

・シンプルな言い方が実は親切である。

2 「〜様」「〜さん」の多用

【ケース11】

営業部員「お世話になっております。貴社の今度の新製品には注目しております。さすがに、Z社様ですね。Y製鋼さんやZ物産さんより魅力のある製品かと……」

*****

これは、「〜様」や「〜さん」を会社名などにつけるケースで、ビジネスの現場ではよく見られます。

もともと企業同士の会議や会合で、相手の会社を慮って、この例のように、「Y製鋼さん」、「Z物産さん」と言うことはありました。

やはり業界内や企業同士では、一応、他の会社への配慮ということで、「他社の」と言うところを「他社さんの」と言うことで、他の業界に対して、「敵意をもっていませんというような意思表示になっているのではないか、と考えています。

特に、競争関係にある他社に対してこそ、気をつかっているという姿勢を見せているのです。

ライバルであっても敵意をむき出しに表すと、逆に下品に感じられてしまうのは確かですから、その意味で、「さん」づけはよいと思いますが、「Z社様」のような「様」づけは過剰な気がします。直接相手の会社を話題にするときは、「御社《おんしゃ》」でよいかと思います。

企業宛の封書やハガキの宛名には、会社名に続いて、「様」ではなく、「御中」と書くのが通例です。企業名に、「様」をつけるのが不自然なので、「御中」を用いるのです。あまりに神経質になって、「様」ばかり重なると、逆に相手には不快感を与えてしまい、失礼になることもあります。利害関係のある企業同士や業界内で配慮したい気持ちは汲み取れますが、過剰なのは逆に失礼になりますから、注意した方がよいと思います。

サザンさん？　ジャイアンツさん？

似たような話ですが、芸能関係の方との打ち合わせの席で、アーティストのグループ名に「さん」をつける人もいて、仰天したことがあります。V6さん、サザンオールスターズさん、ミスターチルドレンさん……。

最近では、プロ野球の球団名に、ジャイアンツさん、タイガースさん、ライオンズさんなどとつけているのも耳にしたことがあります。グループ名や球団名に「さん」や「様」をつけるのは、日本語として相当な違和感があります。まるでギャグです。

マイケル・ジャクソンさん、マドンナさんなど海外のアーティストに「さん」づけするのも不自然です。本人を目の前にしてのインタビューならば、「マドンナさんは……」というように話しかけてもよいでしょうが、通常は「さん」づけは不要でしょう。

「様」や「さん」は、基本的には個人につける「尊称」であるという前提をあまりに逸脱すると、日本語として本来の意味を失い、「余計な一言」に変わってしまいます。

バカ丁寧は、相手の神経を逆なでしてしまうことになるのです。

●ポイント

・「～様」「～さん」は個人名につけるのが基本。

・企業名には「さん」までが限度で、「様」は過剰。「貴社」「御社」で。

3　挨拶が長すぎる

【ケース12】

営業マン「今日はお日柄もよく、風も気持ちよい日でございますね。このたびは、まことにありがとうございます。たいへんお世話になっております。いつも小社との計画にご尽力を賜り、心より深謝いたします。大変お忙しいところをまことに申し訳ありません……」

担当者「……（イライラ）」

＊＊＊＊＊

長い前置き

このような長い前置きにはよく遭遇します。

「余計な一言」と言えば、話のあとに延々と続くイメージが強いのですが、挨拶など、本来の話の前に、長い前置きがあり、なかなか話が進まないというケースも多い。謝意を表す言葉や謝辞そのものが長すぎるケースです。その人の性格による場合もあれば、場の雰囲気でついつい長くなってしまうこともあります。

この営業マンは、お礼を言いたいのならば、その気持ちをまず伝えるべきです。仕事の話に入るための前置きで、あまりもたもたするのは相手にも失礼です。

「先日は大変お世話になり、ありがとうございました。本当に助かりました」

このくらいの簡潔な文章で充分、感謝の気持ちが伝わります。

前置きがくどい人は、次々に話を派生させ、場を盛り上がらせようとしているのですが、結局、時間を余計に取り、聞いている方がうんざりすることになってしまう。短くまとめて、話す方も聞く方も気持ちよく感じることが大切です。

私自身の体験としても、講演会などでの開会や閉会の辞がとても長くて、つらくなるときがあります。既に案内状やパンフレットなどに書いてあることを繰り返されると、辟易します。時間が足りない時には「短めにしてください」と直接お伝えすることもあります。

講演の案内状やパンフレットなどでわかる情報であれば、あらためて述べる必要もなく、「こちらをご覧になっておいてください」という一言ですむのです。

謝辞などにしても、長くてまとまりがないと、それまで盛りあがっている場が、一気に冷めていってしまいます。

特に政治家や上司の挨拶はやたら回りくどく、長すぎる場合がよくあります。結婚式や記念会のような祝典での来賓の政治家の挨拶は、自慢話だけになることが多くて、聞いているほうはかなり辛い。

むしろ「おめでとうございます」とスパッと言って、上手にプラスアルファの一言を続けて短く終わるのが、気持ちもよく、格好がよいのです。以前、自民党本部での講演で、短い挨拶をする実践練習をしてもらったところ、とても好評でした。

場の空気を一瞬で読み、さわやかに、短い挨拶ができる方は、「あの人は気が利いていて、気持ちがこもっていた」という印象を残します。

自分の宣伝や自慢ばかりする方は逆に悪い印象が深まることもありますから、くれぐれも要注意です。

上手に短い話ができるようになる練習方法

上手に短い話ができるようになる練習方法をここで紹介しましょう。

①前置きのない話し方をしてみる。

前置きというものは、結構時間を取ってしまい、本題に入るまでが長くなってしまうので、まったくなくして話してみましょう。

余計な前置きを省くと、思いのほか、論旨が伝わりやすくなるのです。言いたいことを紙に書いて、話題の核になる一番の本題から話すようにしてみましょう。

結婚式なら、「ご両家の皆様、おめでとうございます」、招待された席でなら、「本日はありがとうございました」など、祝辞や謝辞は最初にまとめて話してしまうのです。

前置きなどを省くつもりで、本来、言うべきことを忘れてしまう人も実際にいるので、注意してください。最初に話したら、一つか二つ短い話をして、改めて「おめでとうございます」「ありがとうございます」で締めるというのがよいでしょう。

②話を一分にまとめる訓練をする。

話す時間を意識してみることはとても重要です。

一つの話題を、一分でまとめる練習をしておきましょう。前置きを抜いて、軽い気持ちで本題から話し始めます。この練習にはストップウォッチがあるとよいでしょう。一五秒プレゼンの効能については先述しましたが、さすがに挨拶だと一五秒で終わらせると、逆に問題になることもあります。

しかし、一五秒、三〇秒、一分間という時間内に、論旨を伝える練習を重ねることで、時間の感覚が磨かれれば、会話やプレゼンの能力は向上します。

ゼミの学生全員にストップウォッチを持ってもらい、この練習をすると、飛躍的に能力を向上させる学生も多いのです。そういう学生は、上手にプレゼンができることで自信を持ち、勉学や就活へのモチベーションをさらに高めているようです。

時折、ストップウォッチをもってこない学生がいます。そういう学生に、制限時間一分間で研究発表をさせると、どうしても前置きが長くなってしまい、その途中で時間オーバーとなります。

最初はめんどうかもしれませんが、ストップウォッチを傍《かたわ》らに、時間を秒単位で意識しながら話す習慣を身につけることを強くお勧めします。

ちなみに、TBSの安住紳一郎アナウンサーは、大学時代、私の授業を受けていましたが、彼の時間をムダにしない話し方は当時から際立っていました。彼の仕事ぶりを見ると、いつも感心させられます。秒単位の制限の中で、面白く、上手にコメントを伝えています。彼のレベルまで達していると、計測せずとも制限時間内でわかりやすく伝えることが可能なのです。

③三分間がスピーチの限界だと心得る。

なぜ一分で話をまとめる練習が必要なのでしょうか。それは一分の感覚を身につけることで中身の濃い話をするコツがわかるからです。一分という長さは素人にとって限界に近い。「どんな話題でも素人のスピーチは、三分以上はもたない」と私は感じています。

かつて「三分間スピーチ」が流行した時期もありましたが、これは相当な話し上手でなければ不可能で、「素人の話の限界は一分である」と私は考えています。

「三分間の話」というのは、実はすごく長いのです。

学生とさまざまな実験をした結果、三分間面白い話をし続けられる人は少数でした。一分までなら、どんなつまらない話でも、聞いている方も何とか耐えられます。

「三分間スピーチ」は相当高度な技術ですから、むしろ、「一分間スピーチ」を練習した方がよいでしょう。一分間の感覚がない人が三分間話すというのは、本当に危険なことなのです。

一分を意識して話していくと、「一分間あれば相当な内容を話せる」という感覚が養われますので、さらに二分間も話すとなると、三分間というのは、とても長い時間だなとわかるようになっていきます。

この時間感覚こそが重要です。

④「さわやか握手」のすすめ。

話が長くなるのは、話すことで謝意などの気持ちを伝えたい、という思いがあるからです。ある意味、真面目な人のほうが、ついつい話を長くしてしまう傾向があるのです。

しかし、謝意を伝えるのに役立つのは言葉だけではありません。コミュニケーションをスムーズに行う方法として、「握手」があります。

手をまず差し出し、微笑み、相手の手を軽くきゅっと握る。手を何気なく差し出されると、相手もつい手を差し出してしまいます。そのうえ、微笑みながら、軽く握手するわけです。これを私は、「さわやか握手」と呼んで、勧めています。

日本は、それほど握手が頻繁に行われる社会ではありませんが、軽くやっておくと、なかなかよい関係になることが多いのです。

ある食事会でのこと、ソフトブレーン社の宋文洲さんは、相手と意見が一致するごとに握手をしていました。

さわやかに握手をして、「本当にありがとうございました」と短く感謝の意を伝えるほうが、効果が大きいケースもあります。言葉だけでは、意外に伝わらないこともあるからです。コミュニケーションでの身体性は、とても大事です。ときには、態度や声の調子などで、言葉以上に表現することが、私は大事だと思っています。身体性が伴わず、言葉だけが連なると、「余計な一言」を生みやすくなります。

●ポイント

・前置きの挨拶は短く。
・ストップウォッチで時間感覚を磨く。
・言葉よりも「さわやか握手」で気持ちを伝える。

4　過剰な説明はマイナス

【ケース13】

デパートの食品売り場にて――。

女性販売員「どうぞ〜。先ほど仕入れさせていただいたばかりのお魚で、おだしを取らせていただきましたお味噌汁でございます。お熱いうちにご試食品をお召しあがりいただければと存じます」

＊＊＊＊＊

日本語の〝活き〟が悪い

これはデパートの地下などでよく見かけますね。

「お」の多用に加えて、とにかく説明を丁寧にしてしまう。とても丁寧な言い方ですが、その丁寧さがセールスにつながるとはいえないと私は思っています。こういう場では丁寧さの中に、ある程度の親密感や活《い》きのよさのようなものが混在していてもいいと思います。

食品売り場のような場所では、それほど丁寧でなくても、活気あふれた物言いをする販売員のほうが売れるのではないでしょうか。

「これ、本当、できたてで温かいからね。どうしても食べてほしいんですよ。ぜひ食べてみて」といった、簡潔な物言いの方が魅力的でよく伝わると思います。

昔の八百屋さんや魚屋さんなどのように、「今日の○○はいいよ。新鮮だよ。おいしいよ！」というテンポのいい、活きのよい物言いは耳に心地よいものです。

丁寧過ぎると言葉の〝活き〟が悪くなるのです。まずは試食してほしいのに、敬語が多すぎて、バカ丁寧なために、よそよそしくなってしまい、商品の魅力が隠れてしまうのです。

敬語は、相手との間に距離をつくる言葉です。だからこそ敬意が伝わるのですが、過剰につかうと、お客との距離が離れてしまうのです。それでは心が通いづらくなってしまいます。

上手にものを売る人は、言葉に巧みに本音を混ぜていく。本音と思わせる言葉が絶妙です。そして一言で、お客の心をつかみます。

「ここに三つあるけれども、中でも、今日、ホントに、おススメなのはこれだね」

こんなふうに、三つの商品のうちで、安いものを推されたら、「本当におススメなんだな」と思うのではないでしょうか。

「ホント、美味しいんだよ!」

このように言われると、ちょっと心がくすぐられるでしょう。

距離感も近くなり、共感を呼びます。

礼儀はもちろん大事なのですが、過剰な敬語で、お客との距離を遠ざけるのは、食品などの売り場では、マイナス面が多くなるのです。

最近のコンビニやファストフード店では、店に入った途端に「いらっしゃいませ、こんにちはー」、注文すると「ご注文いただき、ありがとうございまーす」という具合にマニュアル通りの敬語だけを口にしている(ときには唱和する)店員をよく目にします。元気な場合はいいのですが、どこか「言わされている」という感じがする場合もあります。時に、客の側には心のこもらない言葉として伝わってくることがあります。マニュアルを感じさせない自然さが目指すところです。

●ポイント
・丁寧さはよそよそしさにつながる。
・過剰な丁寧語が大切な情報伝達を妨げる。

5　上手に甘えるという才能

【ケース14】
バイトの後輩「あの、ちょっといいですか。このプラグはどうすれば」
先輩「ああ、これは赤いところに差せば大丈夫。ほら、プラグと同じ色でしょ」
後輩「ああそっかあ。なるほどねえ」
先輩「結構慣れてきたみたいだね」
後輩「うん、そうっすね。まあ自分、適応力あるんで」

＊＊＊＊＊

敬語の体力

敬語は相手との間に距離をつくるので、よそよそしさにもつながると既に述べました。しかし、このケースでは、おそらく先輩はあまり嬉しく感じていないはずです。「タメ口」が多用されていて、なれなれしいからです。

タメ口は、「敬語の体力」の問題に起因しています。この「敬語の体力」とは、私が考えた言葉です。

たとえば、一キロ走れる人もいれば、一〇キロ走れる人もいます。フルマラソンを走れる人もいます。体力はさまざまです。同じように、敬語をつかい続けられる時間の長さを「敬語の体力」として考えてみると、敬語をつかえる時間が、たとえば三分間なのか、あるいは三時間なのか、一日中つかい続けられるのか。このケースでの後輩は、多分、三〇秒ぐらいしかもたないのでしょう。最初の一言ぐらいしか、「敬語の体力」がもたないということです。

この背景には、敬語で話すこととの経験不足があります。慣れていないため、敬語をつかうととても疲れてしまうということなのです。

物事は、何でもそうですが、やり慣れていないことが一番疲れます。

私は楽器の演奏に慣れていないので、以前にチェロを習い始めた時には、ひどく疲れてしまったものです。三〇分も練習すると、疲弊してしまい口も利けなくなるほどでした。

しかし、講演会で二〜三時間ほど話しても、何ともありません。別の体力は備えているということです。

「敬語の体力」がない人は、敬語をつかう時間を、できるだけ短くしたい、という本能で、すぐにタメ口に移ってしまうという傾向があります。

甘えの才能

もっとも、この種のタメ口はつかいようという面もあります。

「甘えられる」ということが日本社会では、一つの能力とされてきたという文化的背景があるからです。『「甘え」の構造』（弘文堂）という大ベストセラーの著者、土居健郎先生と対談した際に、こんなお話を伺いました。

「『甘えるほうが人間関係がうまくいく』という日本の社会について、それはよくないと否定的に考えるよりも、そういう社会なのだと認めた方がうまくいくのではないか。

今はそんなふうに考えています

「甘える」ということを、「依存する」「相手につけこむ」というふうに受け取るとイメージがよくありませんが、「相手の庇護を受けながら得をする」ということは世間では珍しくありません。たとえば、きょうだいで言うと、長子という一番上の人は、甘えるのがあまり上手ではなくて、下にいくほど、甘えるのがうまくなります。では末っ子が「ずるい奴だ」と思われるかといえば必ずしもそうではない。上手に甘えられると、年上の人は嬉しいものなのです。

つまり、若い人は、上司や先輩にうまく甘えることで、可愛がられるのです。「あいつは可愛げがあるね」というのは、褒め言葉になっています。可愛げとは、上手に甘えられるということでもあるのです。そのため、子どもっぽいことが、日本の社会では価値をもつことがよくあります。

「甘える力」をもっていて、距離感をコントロールできる人が上手に甘えると、「可愛げ」が生まれるのです。一方で、距離感をコントロールできない人が下手に甘えると、「生意気な奴だ」「礼儀知らず」「敬語を知らないバカ」などと、批判の対象になってしまう。

上手にタメ口をつかえば、上手に甘えることにもつながります。ただし、それは結構高度で、人間関係の距離感に敏感な人にのみ許される技術なのです。

内田選手の「タメ口」力

タメ口が上手な人では、サッカー日本代表の内田篤人選手が挙げられます。内田選手のタメ口は有名で、たとえば、八歳も年上の中村憲剛選手を「ケン（憲）ちゃん」呼ばわりすることもあるそうです。それだけではなく、茶化したり、悪ふざけをしかけたりするのですが、当の中村選手は、「だけど、あいつは憎めないんだよな」と言うのです。「あいつの場合、先輩を先輩と思わない感じでふざけるんだけれども、非常にめりはりがあって、けじめがあって、距離感というのがわかっている」というような話をインタビューでしていたのがとても印象的でした。

内田選手は、タメ口でよい時と、そうでない時を上手につかい分けている。だからこそ中村選手は可愛く感じられるのでしょう。

また、テレビを見ていると、ダウンタウンのお二人、浜田雅功さんと松本人志さんは、いずれもタメ口が上手です。大御所の先輩芸能人に対しても、基本的には敬語をつかいつつ、「ここぞ」という時には、タメ口を差し挟んできます。

そこで笑いが起こるので、場が和むし、話もさらにはずむようになります。しかし、これはトップクラスの芸人だからできる技術で、とても一般の人ができることではありません。この点は「毒舌」とまったく同じです。

一般の人は、まず基本として「敬語の体力」をつけるように努めましょう。

●ポイント

・「敬語の体力」を鍛錬する。

・「甘える」には人間関係の距離感をコントロールできる技術が要る。

・「タメ口」には高度な技術が必要だと心得る。

第四章　がさつで無知で無神経

1　「行けたら行く」というやつ

【ケース15】
男性A「来週の飲み会に来れるかい？」
男性B「その日、仕事が終わるかな～。だから、行ければ行くってことで……。また あらためて連絡するってことにしておいて」

＊＊＊＊＊

「行ければ行く」こそ迷惑
来るのか、来ないのか、はっきりしない人がいます。
私自身も予定が詰まっている時は、ほかの参加者と予定をすり合わせるのが、なかなか難しいことがあります。

行くなら行く、行かないなら行かないとはっきりさせるべきなのですが、社会人の事情として即決できない時もあります。

Bさんは、保留にしておいて、次に新しい予定が入った時に優先順位を変えられるように、ルーズにしておきたいのでしょうか。あるいは、参加したくないのに、はっきり断れないから、お茶を濁しておいて、結局は行かないということなのでしょうか。どちらの場合もあり得るでしょう。

しかし、このようなあいまいな返事は、幹事にとっては極めて迷惑です。

Aさんにとっては、Bさんが行くか、行かないかで、店の選び方や予約の取り方も変わるかもしれません。その程度のこともわからず、自分本位な返事をする人は社会性に欠けています。

もし、本当に参加できるのかどうかわからない場合には、「その日はやっぱり無理かな」と、マイナスの返事を早めにしたほうがよいでしょう。その後、優先順位が高い約束がなくなり、その飲み会に行けるようになれば、その場合も早めに、「悪いんだけど、無理だと思っていたけど、調整したら行けるようになったから、参加させてくれる?」

と言えばよいのです。マイナスからプラスに返事が変わるのは、大抵、幹事にも好印象を与えます。

このケースのように、はっきりしないことが一番迷惑なのです。

参加すると言っておきながら、当日ドタキャンというのはかなり迷惑です。ドタキャン癖がある人もいます。

本当に出席したいが、最初からは難しいというのであれば、「その日、もう予定が入っているけれども、一時間半ぐらい遅れて、ちょっと顔を出します」という言い方をして参加の意志を伝えればよいでしょう。この場合は、何時ごろに途中参加する予定なのかを明確に伝えておくことです。

私も飲み会と仕事が重なった際には、そのように伝えています。このほうが、相手に不快感も与えないと思います。

断るのも親切

あいまいな言い方をする人の心の中には「はっきり断ると角が立つ」という気持ちもあるのかもしれません。確かにはっきりと断ると、つれない奴だと思われる可能性もあるでしょう。しかし、断ることは相手にとってのメリットにもなるのです。その点を勘違いしないでください。

早めに断られれば、幹事の側の自由度や選択肢が増えるのです。代わりに他の人を誘うこともできるし、店を変更することもできるかもしれません。その結果、より楽しい飲み会になるかもしれないのです。

これは、飲み会などに限りません。TBS系の「もてもてナインティナイン」という人気番組で、地方での集団お見合いをやっています。地方の男性の自宅に、女性が出向く趣向です。人気の高い男性のもとには、一〇人も二〇人も女性が押し寄せますが、当然、彼が選ぶのは一人だけです。

この番組を見ていて、感心したことがありました。相当な数の女性から交際を求められていたある男性が、「告白タイム」よりも早い段階で、「申し訳ないけれど、この段階で三人の女性に絞らせていただきます。○○さんと○×さんと……」とはっきりと伝えたのです。親切ですし、男らしいと感じました。

選ばれなかった女性たちは、夢が破れたわけですから、見るからにつらそうでした。しかし、その代わり「告白タイム」までの時間をつかって第二希望、第三希望にアプローチできたのです。男性が早めにはっきりした返事をすることで相手にメリットが生まれたわけです。

「できたらやる」はできない人の台詞

南アフリカ大統領だったネルソン・マンデラも自伝の中で、「ノーとはっきり伝えること」の重要性を説いています。人種隔離政策の下、黒人として生まれて苦難の人生を送ってきたマンデラは、「ノー」と答える機会がとてつもなく多かったそうです。それでも彼は、ノーには意味がある、と言うのです。相手にとってもそのときはつらいかもしれないけれども、あいまいな返事をしているよりは、はるかによいし、相手のためにもなっているというのが、彼の主張です。

あいまいに答えたり、保留してばかりいたりする人は、決断力のなさを露呈しています。返事をする際は、自分の都合や気分だけではなく、相手を思いやることを心がけたいものです。

なお、ビジネスでもあいまいな返事をする人は困りものです。

成功している経営者は、「できたらやる」という考え方は決してしません。有名な投資家のウォーレン・バフェットは、「ほとんどにノーを言うことが自分の今を築いてきた」と言います。そんな中でのイエスは、本当に価値のあるイエスであったとも語っています。

私の身近なところで言えば、出版業界には、企画倒れの多い編集者と、やると決めたことは確実に形にする編集者がいます。

両者の違いは、何でしょうか。私の知る限り、敏腕と言われる編集者は、「できたらやります」「条件が整ったらやります」というような言葉を絶対言いません。やると決めたら、どんな障害でも乗り越えて実現させています。「できたらやる」ではなく「やると決めたからにはやる」「何が何でもやる」のです。

一方で、見込みがない企画には早い段階で見切りをつけて、無理をしません。「できないからやらない」と適切な判断を下すのです。

「できたらやります」という人は、面倒なことにぶつかると、すぐに「やらない」理由づけを自分勝手にしてしまいます。だからそういう態度の人は、どの企画もあいまいになってしまい実現性が低い。そういう人は結構多いのです。

私の体験上、多くの他の仕事をたくさんこなせる人のほうが、返事がとても早い。忙しい人のほうが、対応が早いのです。仕事を大量にこなせる人は、全体を見て、設計図を引き、段取りを整えて仕事を進めている。段取りやスケジューリングの能力がとても高い。だからさまざまなステップにおいての反応も迅速です。

●ポイント

・返事は早めにはっきりと伝える。
・早めに断ることが相手のメリットにもなる。
・「できたらやる」の言い訳は不安と稚拙さを表している。

2　無神経にもほどがある

【ケース16】
先輩「無事出産おめでとう。赤ちゃん、本当に可愛いねえ」
後輩「ありがとうございます。初産は大変だっていうけど本当ですね」

先輩「そうだろうねえ。心配してたんだよ。あなたも三〇代後半だもの」
後輩「…………」
先輩「本当に良かった。四〇歳になったらもっと大変だったもんね」
後輩「…………」
先輩「四〇歳超えていたら、子供が成人する時はもうお婆ちゃんだし」
後輩「……（まだ子どもをつくるつもりですが）」

＊＊＊＊＊

土足で踏み入る人

子どもの有無などはデリケートな問題だと既に述べました。「お子さん、まだ、つくらないの」という聞き方は、他人にはわからない夫婦関係の難しいところに、土足で入っていく一言です。このケースでは、めでたく無事に出産できたようですが、それでもこのあたりの話題には、他人にはわからないデリケートな要素が多く含まれています。たとえば、「高齢出産は危ないらしいね」などと、言われなくてもわかっていることを、わざわざ言うのは、相当、無神経な人です。

今の時代では、「四〇歳を超えて子どもはつくらない」と決めつけるのも、おかしな話です。医学も発達していて、高齢出産の女性もたくさんいますので、先入観で決めつけてはいけません。この手の「常識」は時代によって大きく変わります。かつては、男の子が生まれると喜び、女の子だと落胆したと公言する人もいました。現代ではむしろ逆になってきつつあると思います。

結婚や出産などのお祝いごとの席や、あるいは、葬式などお悔やみの席で、深く考えずに発言することは、とりわけ、取り返しのつかない失敗につながります。

名前に関しても同様のことが言えます。近頃は珍しい名前をつける人が増えました。〝キラキラネーム〟などと呼ばれる名前は、確かに不思議なセンスに基づいているようにも思えます。まったく知らない人の子どもの名前について「ヘンなの」「マンガみたい」など友人同士で話すことは別に問題ありません。

しかし、知りあいのお子さんの場合は話が違います。時には、聞いた途端に違和感をもつような名前もあるかもしれません。しかし、それを口にして何の意味があるのでしょうか。親としては、もう名づけて、届けも出しているわけです。外部の人に何か言われても、改名するはずがありません。そんな時にネガティブなことを言っても、相手には悪口にしか聞こえません。

むしろ、利点を認めた方が人間関係はよい方向に進展するものです。

「印象的な名前ですね」

とでも言っておけばよいのです。

こうしたデリケートな場面で、思ったことをそのまま口に出す「余計な一言」は、多くの場合、よくない結果を招きます。

「思ったことを率直に言うことが、相手に対して誠実である」というのは、間違った思い込みです。率直な質問や感情的な発言は極めて危険なのです。

むしろ大人は、思ったことをすぐに発言しない、即答しない、という心構えや訓練が必要です。普通、社会生活を経ていくと、自然と身につく知恵なのですが……。

できるだけ、利点を探して、前向きな発言をしたほうがよいでしょう。

●ポイント
・出産、結婚、離婚など私生活に関するデリケートな問題には要注意。
・利点やよい部分を探して、前向きな発言に努める。

3　言わずもがなの情報

【ケース17】

娘「お父さん、こちらが今、おつき合いしている佐藤さんです」
佐藤「はじめまして。結婚前提でおつき合いさせていただいています」
父親「そうですか。娘をどうか、よろしくお願いします。いやあ、いままでで一番よさそうな方だね」

＊＊＊＊＊

「うっかり」か「悪意」か

父親が思ったことをそのまま口に出したばっかりに、本命の彼氏のほかに、複数の交際相手がいたという娘の過去を、暴露してしまったのです。

どうして昔のことなんて言うのか、よりによって、大事な場面で……ということはよくあると思います。

この手の発言には、「ついうっかり」というケースと、「悪意がある」ケースがあります。

前者の場合、あまり罪はないのですが、それでも言われたほうはたまったものではありません。このケースでも、「何となく、つい言ってしまった。そういうつもりじゃなかった」と父親が弁明しても、娘には相当怒られるでしょう。彼氏のほうも、過去に、彼女に交際相手がいたことくらいは薄々知っていても、正面切って言われては、愉快な気分ではいられません。

後者のわかりやすい例としては、女性の友人同士でのこんな会話が典型でしょう。

「これ、私の新しい彼なの（と紹介）」

「へえ、あなたが○子の新しい彼氏なの。やさしそうな方でよかった。彼女、これまで男では苦労してきたから」

新しい彼氏の前で女性の過去を暴露するという「確信犯」のケース。この場合、「ついうっかり」よりも嫉妬による言動である可能性が大です。一見喜んでいるように見せながらも、友人を攻撃している。

こういうケースでは、本人に明確な悪意があることもあれば、潜在的なひがみや嫉妬心による場合もあります。

冒頭の父親の場合は、「ついうっかり」でなければ、無意識に娘を手放したくないという占有欲があり、それがちょっとした言わずもがなの一言に出てしまった可能性もあります。

フロイトと福沢諭吉の教え

このような無意識の働きは精神分析学者のフロイトが強調しました。

フロイトは、普通の人ならば「ついうっかり言い間違えたのだな」と聞き流すような言葉に着目しました。そして「言い間違えたところにこそ、その人の隠れた心が現れる」と、考えるようになったのです。

人は思わぬところで、言い間違いをしてしまう。その言い間違いには、その人が精神的、心理的に引っかかっているものが現れているという仮説です。フロイトの仮説に基づけば、この父親も女友達も、単に「うっかり」で余計な一言を発したのではない、ということになります。

潜在的に娘や女友達の交際を壊したいという意識がある。だからこそ、関係を壊すような一言を口にしたのだ、ということです。

フロイトの説については否定的な人もいますが、人間関係において多くの場合、嫉妬や妬《ねた》み、または羨望《せんぼう》や憧《あこが》れが、「余計な一言」に現れるケースが結構多いように思えます。それによって人間関係が壊れてしまうこともありますから、こうしたネガティブな感情はやっかいです。

福沢諭吉は『学問のすゝめ』（伊藤正雄校注、講談社学術文庫）の中で、「怨望はあたかも衆悪の母のごとく、人間の悪事これによりて生ずべからざるものなし」とまで言い、他人を羨む気持ちが悪徳の中でも一番悪いものである、と説いています。他人を羨み、その嫉妬を解消するために、たとえば、相手の足を引っ張り、不利にしたり、不幸になるように仕向けたりするのが人間の最大の悪徳である、と。これは福沢の言葉の中でも、私が最も印象に残っているものの一つです。

ニーチェも、器の小さい人間というのは、妬みでできているという主旨のことを述べています。この世には、他人を妬んで、妬んで、足を引っ張って、よりよいものを、本当に価値あるものを引きずり下ろす行為が蔓延していて、器の小さい人間ばかりがいると言うのです。

イケメンを羨まない

こうした羨望、嫉妬や妬みといった気持ちが、「余計な一言」に現れるというメカニズムを自覚すれば、セルフチェックにつかうこともできます。

恥ずかしながら、私自身の例をお話ししましょう。

私は、テレビを見ていて、たとえば、向井理さんのような格好いい俳優が出ているのを見ると、「ちょっと肌がきれいすぎるし、顔が小さすぎるから、時代劇には向いてないかもね」などとつい口走ってしまうのです。口にした後で、はたと気づきます。自分は、向井さんに嫉妬しているのかも……。

実際には、いくら向井さんが男前で、世間からもてはやされても、私とは何の関係もありません。妻や周囲の女性が、向井さんのファンになったところで、実害もありません。それでも自然と妬んでしまう。自分の器の小ささを露呈してしまうようで、ちょっと恥ずかしい限りです。

では、この感情を克服するにはどうすればよいでしょうか。

それには「褒める訓練」が必要です。

潜在するネガティブな思いに反して、相手を褒めてみるのです。「余計な一言」で自分の内なる嫉妬を自覚したら、逆に、その相手を褒めるように努力してみましょう。

ちょっとずつ器を大きくしていくために、「向井理は、格好いいね。声もいいしね」というふうに、意識的に男が男に「格好いい」という言葉をつかってみるのです。

特に、自分の趣味や趣向とは違うものに対してこそ、「褒める」練習を重ねていくのです。

「嵐」は素晴らしい

ジャニーズ事務所所属のタレントを対象にして、この練習をしたこともあります。

五人組グループの「嵐」は大変な人気です。コンサートをやれば国立競技場が何日も満杯。彼らはたくさんのテレビ番組にも出ています。

私は、最初、五人のメンバーの区別がまったくつきませんでした。中年男性としてはそんな珍しくないことでしょうが、誰が誰なのかわからない。それで、「一人ひとりはそんなにすごくないいんじゃない」というようなことをついうっかり口にしたところ、身のまわりの嵐ファンから「えー、みんなすごくかっこいいよ」と反論を浴びました。

単なる無関心と言えば、それまでですが、もしかすると私は彼らに嫉妬を感じていたのかもしれない――そう考えた私は、矯正のためのトレーニングをしてみようと思い立ち、まずはメンバーの一人ひとりをよく観察して、認知するように努めました。

すると、メンバーの個性がわかるようになってきました。二宮君のコメントはなかなか気が利いているな。櫻井君は知的好奇心にあふれている。松本君は情熱が表情に出ている。大野君は絵がうまい。相葉君はほんわかしている。このような特色を自分なりにつかんでいったのです。

それぞれの個性がわかってくると、彼らの出演するドラマやニュースも面白く感じられるようになってきました。同様に「ＫＡＴ‐ＴＵＮ」というグループでも、メンバーの個性を認識するようにしたうえで、ドラマでの役者ぶりや、バラエティでの活躍、外見の格好よさなどを褒めるようにしてみました。

そうすると、彼らのような若くて格好いい男性に対して、中年男が本能的に感じていた勝手な羨望とか、意味のない競争心や敵愾心《てきがいしん》などが消えていきました。

結果として、余計な心理的負担から逃れることができたように思えます。基本的に、こうしたネガティブな感情をもたないほうが、心が軽くなります。「余計な一言」から自分の本心を理解することもあるのです。

●ポイント

・ふと発した一言に、隠していた欲望が現れる。
・羨望や嫉妬心が無意識に「余計な一言」を生むことがある。
・相手を褒める訓練を積むと、心が軽くなる。

4 素直に褒められない人

【ケース18】

同僚A「君の部署は順調でいいなあ。さすがだよ」
同僚B「いやあ、運もよかったですし」
同僚A「そうだねえ。あのブームにたまたま乗っかれたのは大きいよね。それに、商品がすごく安いからやっぱり売りやすいよな。うちの部署は単価がデカいからねえ。まあ売れれば、その分利益も大きいんだけど」

同僚B「…………」

＊＊＊＊＊

「運がよかった」を真に受けない

こういうケースも会社などでよく見られます。ここにも嫉妬が見え隠れします。上司が部下に対しても、同僚の間でも、相手を素直に褒められない人がいます。どうしても何か一言言いたくなる癖をもった人がいます。

ここでは「運もよかった」はあくまで謙遜の表現です。本当にそういう部分もあるかもしれませんが、運だけで成功するなんてありえません。誰にでもいろいろなチャンスが巡ってくるものです。それを活かすには、Bさんならではの実力や努力があったはずです。

ところが、そうした実力や努力を素直に認めたくない思いが働いたために、Aさんは「余計な一言」を口にしてしまうのです。

私の友人には、学生の時から「強運」とされる男性がいます。麻雀では読みが深く、引きがとても強い。社会でも大成功して、複数の会社の経営者になっていて、自分でも運が強いと公言しています。

しかし、彼の話をよく聞くと、絶対に負けない戦い方を常にしているのです。その裏には深い読みと陰の努力が垣間見えてきます。

相手が「運がよかった」と言ったとしても、それを真に受けるのは人間関係のうえで危険です。単なる謙遜ではなく、それが一種の罠のようになっている場合すらあります。

謙虚なことを口にしてはいても、実は褒めてもらいたいという気持ちが隠れている場合もあるのです。だから基本的には、「そんなことはないでしょう。運だけではここまで達成できませんよ」と、相手を褒めるのが正解です。たとえ相手にそんな意思がなくても、このように述べておくのがよいでしょう。

他人を貶めるよりも、褒めたほうが、度量が大きいと思われる。そんなことは誰でも理屈ではわかっているのに、なかなかそうはできません。それは嫉妬が邪魔しているからです。

褒めることが議論を活性化する

「褒める」ことに関連して、大学で「ほめコメント」の練習をやることがよくあります。四人一組になり、一人ひとり企画を発表したうえで、それぞれのテーマごとに、話し合う。

この時、自分以外で一番よかった企画を投票し、よいと思った理由を「ほめコメント」として言います。プラスして、他人の企画をよりよくするためのアイデアを出すように指示しました。ディスカッションの場では往々にして批判めいた発言が多くなりがちですが、そういうことは一切禁止です。ポジティブなコメントのみを言う決まりにしたわけです。

結果的には、学生たちは好意的な意見を言うために、普段よりも他の人の発言を真剣に聞くようになりました。また、企画自体も精錬されていきました。褒めたり、褒められたりすることで、好奇心も高まり、研究への積極的な姿勢が目立つようになったのです。「褒める」ことは、人間関係や議論を良いものにします。しかし、自然にまかせておくと、なかなか素直に他人を褒めるようになりません。だからこそ、意識して褒める癖をつけるようにしたいものです。

●ポイント
・素直に褒められないのは、妬みや嫉妬が潜在するからである。
・褒めるには、鍛錬が必要である。

5　なぜそこで実名を出すのか

【ケース19】

　ブログにて――。

「先日、神楽坂で評判の新潮食堂に行ったけど、評判倒れでガッカリ。サラダには何か黒いものが混じっていて、虫じゃないかと思って聞いたら、『これはスパイスですが、お気になさるようなら取り替えます』ってもっていったんだけど、どうも怪しい。やっぱり虫だったのでは……と思っちゃいました」

＊＊＊＊＊

風評被害

このような書き込みをネットに載せる人がよくいます。

ここでは、ネット関連の「余計な一言」について考えてみましょう。

ブログなどでは、自分が王様や女王様みたいに思えてしまう。自分の主観こそが、絶対的な価値基準であるという思い込みが助長、増幅されてしまうのです。

これが自分のためだけに書く日記だったら、問題はありません。どんなにひどいことを書いても、妄想を書いても、自分以外の誰も読まないのでしたらいいのです。しかしブログは全世界に公開されています。

自分の主観こそが絶対だと思い込むのは、とても危険なことなのです。

この「風評被害」というものは、お店だけではなく、一般の個人すら標的になることがあります。陰湿ないじめや陰口をネット上で広めていく。

根も葉もない中傷が一人歩きして、事実のように流布してしまうことはよくあります。その中傷をまき散らした人間は責任を負うことはない。これはネット社会の弊害です。

人間には群れ集まった時に、深い意味もなく歪んだ群集心理を増幅させる面があります。このような心理を自覚して、気をつけないとなりません。

ネットに書きこむ人は、怒りや不快感に任せて書いていますが、実名を出すことで、大きな被害を受ける店については、どの程度考えているのでしょうか。「虫だとは断定していない」などというのは言い訳です。明らかに「風評被害」につながります。

ちょっと面白い話を書きたい、という程度の気持ちならば店名を出す必要はないでしょう。仮に店の不正を断乎追及したいという覚悟があるのならば、仕方がありませんが、文面を読む限りはそういうことでもなさそうです。

自分の主観や思い違いの可能性も省みず、思うがままに書くことで、相手に大変な損害を与える可能性があるのですが、そうしたことにあまりに無自覚です。

これと似たようなケースとして挙げられるのが、ネットにおける「口コミ」などのレビューです。ネット書店「アマゾン」では、本を五段階で評価して、レビューが書き込めるようになっています。ベストセラーになると、数多くの読者（レビュアー）が、星をつけてコメントをしています。

星ひとつのレビューも珍しくありません。その場合は、罵詈雑言ばかり並んだコメントが書かれています。

もちろん、誰もが買った（読んだ）本について自由にレビューを書く権利があります。ただし、そのレビューが正当なものなのか、それとも「あれは虫だった」というレベルのものなのか、そこはさまざまです。

ときには、単に読者に読解力が足りないというケースもあるでしょう。著者はいろいろなことがわかったうえで書いていても、読者にはそれが理解できないこともあります。完全に誤読してしまうこともあるでしょう。

問題は、たとえ読者の一方的な誤読に基づくレビューであっても、それを消し去ることはできないため、実質的に被害も出てくるという点です。

私自身は、基本的に自分の著作に関してはレビューを見ないことにしています。自分の著作を愛していますし、匿名の誰かわからない人が、勝手な文句を連ねているのを見ても、精神衛生上よくないのがわかっているからです。しかし、自著以外の本のレビューはついつい見てしまいますし、参考にもしています。当然、星一つや二つの酷評が目立つと、購買意欲は失われます。しかし、それはもしかすると、「完全な誤読」や「一方的なクレーム」なのかもしれません。

これは、その本の著者にとっては「風評被害」と同じです。ネガティブに評価することがいけないというのではありません。しかし、ネガティブな評価を下したり、けなしたりすることは、慎重に行うべきなのです。褒める時は、あいまいな言い方や書き方でも許されると思いますが、批判したり、けなしたりする時には、その著作を本当によく読みこんでからにしてほしいものです。

自分は攻撃されないところから相手を攻撃し続けるという行為からは、その人の「さもしさ」が滲《にじ》み出ているようです。責任の所在があいまいな状況を利用する卑怯《ひきょう》な手段なのです。

おとなしい匿名者

私の知り合いのある有名人は、「匿名の批判者」と対面したことがあると言っていました。誹謗中傷の勝手な書きこみを匿名でされたのですが、その書きこみの本人を特定することに成功したので、連絡をして実際に会ってみたそうです。

会ってみると、そう悪い人には見えず、その人は「悪気はなかった」という弁明を重ねていたそうです。

匿名なら、どんなにひどいことを書いても、正体がわからないという前提で、急に強気になってしまう。

自分の主観のみによる発言や発信は他者に悪影響を与え、他人を貶めるかもしれない、意見や感想は、あくまで自分の主観に過ぎない、という気持ちをもつことが必要です。書きこみを読む側にも安易に信じないリテラシーが求められます。

相手の些末な部分を取り上げて、「人間として信用できない」とするような全否定に流れていく「一事が万事」的決めつけは危険です。

論旨の中心をとらえられない要約力のない人間が批評することに対して、私は問題だと思っています。実際、誤読していることが多いのです。

学ぶ姿勢が必要

三〇年以上、現代文や古典などを指導してきた中で痛感するのは、読解力の足りない人ほど安易に否定的なことを言うということです。その根源には要約力の低さがあります。

きちんと要約ができない。読み間違いがとても多い。読解力が足りない。よって、表現力も拙い。もちろん学生だからそこから謙虚に学んでいけばいいのですが、仮にそういう人たちが、「言いたい放題」で批判できるのなら、少々おかしなことだと思います。

私も時々、カチンとくることがあります。

「齋藤さんの論は甘い」――そういう批判を読んでみると、どうもその人は、私の著書をきちんと読んでいるようには思えない。そこは、著者だからわかるのです。もちろん批判を許さないわけではありません。私の著作のごく一部だけを見て、思いこみで、「甘い」などと言われても、困るのです。そのテーマで賞までもらっているので、あなたよりは詳しいはずなのですが……などと反論したくなることもあります。

学校でも企業でもそうですが、否定的な意見を言う人の多くが、実はこの手の誤読や誤解をベースにしているということが珍しくありません。大学でも、私たち教員に対してのアンケートで、「早口でわからない」「話が長くてわからない」「説明がわかりにくい」とはっきりと書いてくる学生が目立っています。

大学教員側の問題なのか、学生側の問題なのか、その両者が絡み合っているのか、問題は複雑ですが、本当に指摘してもよいのか、自分には非がないのか、考えないままにクレームめいたことを言うのです。自分の理解力のなさ、思考力のなさを省みない人が多くなってきています。

本についても同じです。

「この本は、わからない。書き方が悪いんだ」

このような批判が許されるのであれば、何でもありになってしまいます。アマゾンのレビューでもこの種の人はいます。

「本の内容がわからないのは著者の説明が悪いからだ」

世の中には敷居が低くてすぐに読める本もありますが、一度読んだだけではわからない手強い本もあります。往々にして、良書は難解な本であることが少なくありません。ヘーゲルの『精神現象学』やハイデッガーの『存在と時間』など、世界的に影響を与えた名著や良い古典というのは、用語も難しく、展開も複雑なため、けっして論旨はわかりやすくはありません。

このような一見、難解な良書では、読者の理解力が試されているのです。

ところが、「わからないこと」に対する耐性がない人は、自己中心の観点のみで文句を言います。自分がわからないということは相手が悪い、という偏った考え方です。

しかし、本来、「学ぶ」ためには、その正反対の姿勢が求められます。「学ぶ」ためには、わからない自分のほうがおかしいのではないかと、常に考えながら物事に臨んでいくことです。その「学ぶ」構えができにくくなってしまっています。

わかりやすく手取り足取り教えてもらうことと、自ら「学ぶ」こととはまったく異なる姿勢なのです。

鬱憤晴らしできる場を

ネット関連の話題でいえば、最近、職場の不満までツイッターで発信する人がいます。当然、誰かが気づいて問題視して、騒ぎになり、場合によってはその人が処罰されることもあります。

本来、こういう愚痴を言う場所は個人が身の回りの生活の中でもっているべきものです。家庭はその代表で、夫婦間で話したことは外には漏れないことが前提でした。夫から聞いた話を外に向けて奥さんが漏らしたら大変です。いわば家庭は「愚痴の聖域」のような面があったのです。

授業にもそういう面がありました。「ここだけの話」を先生と生徒で共有できたのです。ある種の聖域でした。ところがこれもツイッターで外部に発信される危惧《きぐ》がでてきました。こうなると、突っ込んだ話ができなくなり、当たり障りのないつまらない話ばかりになってしまう。誰も得をしないのに、不用意な行動が聖域を壊してしまう。これでは精神衛生上よくありません。

ツイッターで内緒話や愚痴を「発信」してしまう人は、愚痴の聖域をもっていないからこそ、フラストレーションが溜まってしまい、ふきこぼれてしまうのかもしれません。

先日、久しぶりに友人同士で集まって、気がねなく自由にあれこれしゃべって、男子会（実質はオヤジ会ですが）もいいものだな、とつくづく思いました。みんなで「女性が女子会をやるのもよくわかるよ」と言ったものです。もちろん、そこでの話を誰も「発信」しないのは大前提です。職場でも私生活でも、現実世界で気のおけない友人が一人いればいいのです。どこかで「愚痴の聖域」をもつことをお勧めします。

●ポイント

・「実名」を出すことによる大きな影響を考える。
・独断的な評価やレビューにはその人の「さもしさ」が出る。
・「愚痴の聖域」をつくることも大切である。

6　いつも出てくる「私」

【ケース20】

上司「この前のあの企画、良かったねえ」

部下「ありがとうございます」

上司「あれ、まだ入社二年目の神田さんが考えたんだって。大したもんだよ」

部下「ええ、まあかなり私も積極的にアドバイスしたというか、私のアイデアも与えてあげたんで、ああいううまい形になったんですけどね」

＊＊＊＊＊

「私」を絡ませる癖

成功した企画や業績に、必ず一言、「私」を絡ませてくる。こういう人もよく見かけます。

とにかく自分のことを絡めないと、話が続けられない。これが、癖になってしまっているので、必ず「私」を入れないと、不安になったり、イライラしたりしてしまうのです。

背景には「私」の存在を知らしめたい、認めてもらいたいという強い自己顕示欲があります。

極端な場合になると、「私」を入れるだけでなく、話題そのものも、自分の話にもっていってしまう。強引に自分の話に変えてしまうこともあります。このケースのように、さっきまで神田さんの話をしていたはずなのに、いつの間にか「アイデアを与えたという私の自慢」になっているのです。

とにかく、「私が、私が……」という思いが強くて、ときには、誇大妄想になったり、嘘をつくことにつながってしまったりすることになります。

このような癖を治すために、私は、「メタディスカッション」という練習を勧めています。「メタ」というのは「超える」とか「超越する」という意味です。

まず、テーマを設定して、議論を四～五人でやってもらいます。雑談でも討論でも、もっと気楽に合コンのような形でもよいのですが、とにかく全員で話し合う。

その際に、外部からの観察者を置くようにして、気づいた点をメモしてもらうという方法です。時間を区切って、議論の参加者が外部の観察者にもなるようにします。

普通は、自分の話を客観的に見る機会はありません。話し合いの場を外側から冷静に見ると、自分の話ばかりしている人というのは、とても目立ちます。

他人の話を取ってしまい、自分の話につなげてしまう人を見ていると、他人のことながら、とても恥ずかしくなってきます。

この「メタディスカッション」を行うと、そういう癖がはっきりとわかります。たとえ他人の癖であっても、「あれだけはやめよう」と強く思います。まさに「人のふり見て我がふり直せ」という意識をもてるようになるのです。

「メタディスカッション」の方法を試すのが難しければ、もっと身近なところでできることもあります。

冷静な気分で、少し離れたところから他人の会話を聞いてみるのです。

私は、よく喫茶店で仕事をしているのですが、店内では、いろいろな人が話をしています。自然と聞こえてくる会話では、こういう「私」がよく出てくるケースが、とても多い。悩みの相談をしているつもりだったのに、相手の自慢話を聞かされている人もいます。悩んでいる人の心中を慮《おもんばか》ると、他人事ながらやり切れない感じすらします。

メタディスカッションは、話し合いが終わったあと、みんなで話し合いの流れを振り返るというやり方でもできます。

この方法を家族内で試してみるのも有効です。

家族内なら、はっきりと指摘できることもありますから、普段の話し方がどうなのか、互いにチェックしてみるのです。「お父さんは、いつも自分の話にばかりもっていくんだね」、なんて指摘されるかもしれません。

「痛い人」にならないために

さて、ケース20の話に戻りましょう。

この上司と部下の会話においては、上司も嫌な思いをするでしょうが、それだけではなく、そばで見ている他の社員やスタッフにも嫌悪感が生まれてきます。この「自分自慢」の人は、「痛い人」「恥ずかしい人」だと思われることでしょう。

また、自己顕示欲も恥ずかしいのですが、こういうタイプの人は、自分のアドバイスによって成果があがったのだと、本気で思いこんでしまっている可能性があります。これはさらにこわいことです。

若い社員からすれば、この上司にまったく影響などされていない、オリジナルの企画だと思っています。それは周囲も同じ認識です。でも、本人だけは本気で影響を与えたと思っています。こういう人は大問題です。

自己客観視ができていないわけですし、人間関係において、一番嫌われるタイプといえるでしょう。このような勘違いが無意識に出ていないか、日頃から注意するにこしたことはありません。

つい、自慢や武勇伝につなげるというのは、すべての人が陥りがちな罠です。「私」が影響を与えているという勘違いや高い自己評価が、そのまま会話に出てきた時に、「余計な一言」が生まれてきます。

●ポイント

・よく出てくる「私」は自己顕示欲の塊である。

・自分を客観視できないと嫌われる。

7　夫婦喧嘩の無限ループ

【ケース21】

妻「本当にすみませんでした」
夫「まあ反省しているならいいけど、またやったら駄目よ」
妻「はい」
夫「それにしても、なんでああいうことになるのかなあ」
妻「本当にごめんなさい」
夫「どうやったら、ああいうミスになるのか」
妻「ごめん……」
夫「ホント、俺にはわからないよ。大体さあ……」
妻「何度謝ったらいいの！　くどいのよ！　いい加減にしないと怒るよ‼」

＊＊＊＊＊

終わらない喧嘩

これは夫婦や恋人関係など、親しい関係においてよく見られるケースです。夫の話がくどく、何度も責められるために、妻が逆切れしてしまっています。どこまでいっても終わりがない。ダラダラと文句を言い続けることが、「余計な一言」につながります。

女性は特にぐちぐちと文句を言う男に耐えられない。「男らしくない」「小さなことにこだわって」「うじうじといつまでも」と、嫌悪感をもつことが多いのです。

夫婦喧嘩では、このような悪いループに陥りがちになります。会話を続ければ続けるほど、争点のポイントがあいまいになってしまいます。

この場合は、夫が「ここが一番嫌である」という具体的な点を、ぽんと言った方が有効なのです。それで、妻がその点を認めたら、終わりにするのです。

「君のあのミスは、僕のパソコンを勝手にいじったことが原因。だから今後は断りなくパソコンには触らないように」

たとえばこういう具体的な改善点やルールを提案して、それを相手に呑ませるのです。

そうしないと、本来の怒りの理由から、「話がわかってない」、さらには「ミスしたことが信じられない」というように、喧嘩の論点がズレていってしまいます。

これに、妻はイライラとしているわけです。夫が、ここに怒っているという理由を、ピンポイントで伝えることで、このループからは脱出できるはずです。

怒りが怒りを生む

なお、似たケースが、待ち合わせの場面でもよく見られます。相手が時間に遅れてきた。遅れたことは仕方がないので許せるのだけれど、遅れる前に電話やメールで連絡しなかったことを責める、といったことがあります。

そんな時の責め言葉は次のようになりがちです。

「遅れるとわかった時点で、連絡してくれれば、立ちながら三〇分も待っていなくてもすんだのに……」

「ちょっとメールするだけでいいのに、なぜしないのか……」

「遅れたことを怒っているんじゃない。そもそも連絡がないというのは、私を軽んじている証拠でしょ」

こういう悪いループに陥りがちですから、くれぐれも注意しましょう。

「今度から、遅れるとわかったら、その時点で、電話か、メールを必ず入れてほしい。それでこの話はおしまい」と、簡潔に伝えることが大切です。

その場の一時的な感情に任せて怒りを伝えるのではなく、怒りの理由と論点をまず整理してみるのです。そして、自分が一番怒っている点を、わかりやすく短く伝える。そして、次からどうしてほしいのかを伝える。それで、終わりにすることです。どうせ時間は戻ってきません。

怒りの感情はまた新たな怒りを派生しやすいということがありますし、双方にとってよい作用がありませんから、早く終結させた方がよいのです。

夫婦で長年連れ添うと、甘えや依存心が余計に出てしまうのですが、そもそも親密な間柄ほど、互恵の精神をもつべきです。

「己の欲せざるところ、人に施すことなかれ」という論語の言葉がありますが、相手の気持ちを慮る器量を持ちたいものです。私自身、話がくどくなってしまう癖があったので、話を切り上げる「切り上げ意識」をもつように練習しています。

悪いループに入ってしまうと、論点があいまいになって、喧嘩がより激しく複雑になるだけではなく、相手に評価を下げられることにもなってしまいます。

ほとんどの喧嘩や口論で、怒りの論点は一つです。そのことをわきまえて、怒りのポイントのみを相手に伝えて、ループにはまらないことが大切なのです。

●ポイント

・一番の問題点をまず簡潔に話す。
・「次からどうしてほしいのか」を明確に伝える。

8　重箱の隅をつつき続ける

【ケース22】

編集長「この企画書、本当によく出来ていると思うよ」
部員「ありがとうございます」
編集長「あっ、ただし、これ『思う』と『おもう』が混在しているから、統一したほうがいいね」

部員「ああそうですね。ありがとうございます」

編集長「それから、『トレンド』という言葉と『流行』という言葉が両方出てくるから、これもどっちかでいいんじゃない？」

部員「そ、そうですね……」

編集長「それと、この部分だけど、『日本がいま危ない』よりも『日本が、いま危ない』のほうがいいかな。それからねえ……」

部員「……（細かすぎるよ！）」

＊＊＊＊＊

思考の癖が口に出る

細かいことが気になる人がいます。もちろん、仕事の段階によっては、そういう作業も必要でしょう。しかし、この編集長の場合には、いま、なぜそこまで細かくやるのかという疑問が残ります。

これが最後の詰めで、その内容が印刷されて世の中に出る寸前の段階なら、細かいチエックも必要でしょう。「日本がいま危ない」よりも、「日本が、いま危ない」と読点を入れたほうがいいといったことも、そういうときならば有効なアドバイスなのです。しかし、企画書の段階で、内容の本質にはほとんど触れず、単なる表記などの細かい部分を指摘するのはどうなのでしょうか。おおもとのアイデア自体の問題点を考えるほうが先決のはずです。

アイデアの方向性がよくないということで、次善の案を求められるのでしたら、部員も再検討しようと受け止められます。しかし、些末な部分ばかり注意されてしまうと、この編集長は優先順位がわからない人だという不満が、部員の中で積もってきてしまいます。

口癖というよりは、これはこの人の「思考の癖」なのです。本質的なことよりも細かいミスが目についてしまう人というのは、日本人には少なくありません。

そういう人にははっきり指摘してあげた方が本人のためなのです。

思考の癖なのでなかなか難しいのですが、「一事が万事」という考え方をやめることがまず必須です。

たとえば次のようなことを言う人がいます。

「変換ミスが残っているような人間には任せられない」

「漢字や数字の表記の統一がなされていないようでは、企画自体がやっぱり信用できない」

私はそういう思考が好きではないですし、企画にとってもよい作用をもたらさないと考えています。実際的ではないために、企画の方向性の検討や実現へのスピードを鈍らせてしまうのです。

仕上げの段階ではミスをなくすことが必要ですが、企画段階ならば中身だけを問題にする方がいい。

「細かいことを気にせずに、企画をどんどん出してみろよ」という感じで、あくまでも最初のたたき台は荒っぽくてもいいという発想に変えていくべきです。最終的に整っていればいいのです。

大学でもこのようなケースは目につきます。この場合、細かいのは私ではなく、学生の側。論文やレポートの提出にあたって、とにかく体裁を整えてくることに集中する学生が意外と多いのです。授業では毎週、レポートの発表をやっていますが、表記や文字の体裁など細かい箇所は神経質なまでに整えられているのに、そもそものアイデア自体が面白くない。そんなケースがよくあるのです。

逆に、体裁や表現は荒っぽくても、アイデアが独創的で、発想もユニークなレポートもあります。私としては、企画の段階では後者を高く評価します。

一所懸命、時間をかけて体裁を整えた学生には不満かもしれません。「あんな雑なレポートのほうがよい点なのか」と。

体裁にこだわりすぎる学生は、往々にして「木を見て森を見ない」ことになっています。そういうエネルギーの配分はとても非効率ですし、そもそも新しい発想の芽をつみとってしまうのです。順序としては、企画やアイデアが先にあるべきです。それを討論などで洗練させたり、練りこんだりする。整えるのは最後の段階。そのほうがエネルギー配分として効率がいいのです。

権力の誇示

なお、このケースでは、もう一つの問題が潜んでいます。

さまざまな些末な指摘には、上司としての権力を示したいという気持ちが潜んでいる可能性もあるのです。

私も、かつて苦い思いをしたことがあります。五年ほどかけて、やっと書きあげた研究論文が、いよいよ審査されることになりました。その審査は面接のような形式で行われます。

緊張して赴いた審査の場では、論文の内容そのものについてではなく、註釈の部分についてばかり指摘されました。

もちろん問題があるのならば指摘していただいてよいのです。しかし、註釈はあくまでも註釈。全体の一パーセントにも満たない部分です。五年間の研究と執筆の努力の末に書き上げた論文だったのに、本論とは関係のない部分ばかり質問され続け、結局、研究の本題には入らずに、審査が終わってしまったのです。今思えば、指摘に正当性はありましたが、当時の私には何とも切ない体験でした。

中身がほとんど論じられないことに私は驚きました。審査する先生たちが、自らの権威、立場が上位であるということを示したかったのかとも感じてしまいました。

上位に立つ者は、どうしても「何か若い奴に一言言わねば気がすまない」という気持ちをもってしまいがちです。それこそが仕事だと思っている人もいるようです。でも、その気持ちこそが、まさに「余計な一言」を生んでしまうわけです。本当に権力や上下関係を示したいのであれば、細部にこだわらず、鷹揚な対応をした方がずっと風格を感じさせることになるのですが……。

このケースでは、編集長は「細かいところはまだ整っていないが、この企画書はなかなかよくできていると思うよ」というような言い方をすればよかったのです。そうすれば、部員もよりよいものにしようという前向きな気持ちが満ちてきます。表記の整理については、最後に近い段階で言えばよいのです。

往々にして、日本では「一言言っておこう」という姿勢で批判的な物言いをすることを、「批評眼がある」とか「知性がある」とか「インテリっぽい」というようなイメージとして捉えられていることがあります。

しかし、それこそ錯覚です。

あまり細かいことにこだわらないで、新しいものを生み出していける、新しい価値を創造していけることこそが、本当の知性だと私は考えています。

ニーチェも「他人を否定したり、足を引っ張り合ったりするのではなく、新しい価値を創造しよう。自分たちが価値を生み出していきなさい」と説いています。

●ポイント

・枝葉の細部より、発想やアイデアなど本質的な部分を優先する。

・「何か言いたい」「何か言わなければ」の意識が「余計な一言」を生む。

・細かいチェックや否定的な視点イコール知性ではない。

第五章　リピート病、ネガティブ病の患者たち

1　言葉はリピートで軽くなる

【ケース23】

友人Ａ「いやいやいや、この前は本当にごめんごめんごめん」
友人Ｂ「まあいいよ。何か大変だったんでしょ」
友人Ａ「そうそうそうそう」
友人Ｂ「それはそうと、代金は返してね」
友人Ａ「うんうんうん、ごめんごめんごめん。すぐすぐすぐ」
友人Ｂ「…………」

＊＊＊＊＊

返事は一回でよい

同じ言葉をリピートする人がいます。

言葉というのは、短く一言を放った時にその重みを増しますから、このように繰り返してしまうと、言葉がどんどん軽くなるのです。同時に相手に与える自身の印象も軽くなってしまいます。

昔は、こういう人は、大人でも子どもでも「返事は一回でよい」とよく注意されたものです。「はいはい」「はいはいはいはい」などと繰り返して答えれば答えるほど、聞いていないことを伝えているようなものです。

この背景には、二つの心理が隠れています。

相手の言葉を遮りたい、相手から自分を守りたいという意図が一つ。続けて言葉を繰り出すことで、相手はしゃべる気が失せてしまいます。

もう一つが、一言一言の重みをわざと軽くしていくという意図です。

わざと軽くすると、どんなメリットがあるのでしょうか。謝罪する際に、「ごめんごめんごめん」と二～三回リピートすることは、「ごめんなさい」という一言よりも随分軽くなります。すると、言うほうは疲れないのです。本来、「ごめんなさい」という一言は、思いをためて、感情を整えてからでないと、なかなか言えません。つまり、その分、疲れるわけです。

ところが、言葉に感情を乗せないと、疲れない。だから無意識のうちに、同じ言葉をリピートしてしまうわけです。これが癖になっている人も多いのです。

しかし、もちろんこんな癖のある相手に、人は好感を持ちません。言葉に心がこもっていない、不誠実な人だと見られるのがオチです。

たとえば、こちらのミスで顧客に謝る時、「すいませんでした、すいませんでした、すいません、すいません」などと何回も繰り返すと、誠意が伝わるどころか、言葉の重みが消えていきます。

自分自身を守ろうとしている、失敗を深いところではきちんと受け止めようとしていない、早くやり過ごそうとしている、という思いが透《す》けて見えます。それで結局、顧客をもっと怒らせることになってしまうのです。

本心から謝るには、感情の〝ため〟をつくることで、言葉と感情をうまく一致させる必要があります。そして、重みのある一言で気持ちを伝えるのです。

感情の〝ため〟がない人は、言葉と感情を合致させる作業をしていません。言葉だけが、軽く流れていってしまうので、むしろ、相手の感情を傷つけてしまいます。

玉三郎さんの教え

言葉の重みについて、ある時、歌舞伎役者の坂東玉三郎さんと明治大学で対談する機会がありました。数百人ほどの聴衆を前に、玉三郎さんはこんなことを語ってくださいました。

「感情と言葉を、上手に重ね合わせるのが本当に大事なんです。二つをぴったり重ね合わせないとだめです。

言葉だけが先走ると、感情がついていっていない。感情だけを出そうとすると、今度はセリフが弱くなり、言葉が弱くなってしまう」

さらに実演をその場で見せてくださいました。

「真如の月を眺め明かさん」

というセリフで、感情とその言葉が一致するように動かれるのです。ポイントは、体のつかい方だ、ということでした。

思いと同調させながら、手の差し伸べ方や足の出し方などにそれを表していく。仙骨という腰の骨から手の先まで、月に向かって伸ばしていく。そんな意識を持ち、思いを体に乗せて体現していくそうです。

身体に、感情と言葉をくぐらせるように同調させて、セリフを言われている。その身体感覚のようなものを、身近で感じて本当に感動しました。

無駄にリピートする言葉は、この対極にあります。

玉三郎さんには及びませんが、私たちが一言に重みを出すには、一瞬でよいので、感情の〝ため〟を作り、一呼吸おいてから、思いを一言で表現するように心がけるべきでしょう。そうすれば、感情と言葉の一体化に近づくのではないでしょうか。

●ポイント

・同じ言葉を繰り返すほど言葉は軽くなる。
・即答せず、「感情のため」をつくってから発言する。
・思いを身体に乗せて一言を発するよう心がける。

2　無駄にネガティブ

【ケース24】

社員A「よかったじゃない。業績がよくて」

社員B「まあいずれ下がるけどね」

社員A「そんなことないよ。まだまだいけるんじゃない」

社員B「結局、世の中の流れ次第だから……。まあいつまでもつのか……」

社員A「またあ。何だか顔色もいいよ」

社員B「いやあ、もう年だし、ダルいし……」

社員A「そんなあ、まだ四〇歳じゃないの」

社員B「いやあ、結局いつかはジジイになって、死ぬんだから、といつも思っているよ」

社員A「…………」

＊＊＊＊＊

苦味が多すぎる

このように、ネガティブなことをつけ足す人がよくいます。

原因は、主に二つあると思います。

一つには、そうすることで「私は長期的視点や客観的な視点をもっている」というアピールができる、と考えている。「いまはいいかもしれないが、やがてはダメになるかもしれない」ということを、先を見越して発言したいという気持ちが隠れています。

本人は賢人のつもりかもしれませんが、実際にはこの手のことを言ったからといって、何かが生み出されるわけではありません。むしろ、かなり無駄な言葉で、人の気分を滅入らせていく場合がほとんどです。

テレビを見ていると、時折こういうタイプの人を目にします。

たとえば、株価が上がったことを伝えるニュースについて、

「いや、これで安心してはいけない。外国人投資家が去ってしまったら、また下落することも充分考えられますからね」

こんなふうに言うと、確かに今後を見越して一通り何か意味のあることを言った感じになります。このコメントについて、「なかなか冷静だな。みんなが浮かれているとき

に警鐘を鳴らしているんだ」という印象をもつ人もいることでしょう。

もちろん、こうした指摘をすることも重要です。しかし、この種の発言ばかりを繰り返すと、その人についての評価はちょっと微妙な感じになってきます。

あまりにネガティブな発言ばかり聞かされると、その場の人も、視聴者も次第に気分が落ち込んでくるからです。この種のコメントで考えるべきは、〝苦み〟の配分です。

料理でも、苦みは、ちょっとあるからこそ美味しいのです。あまりに苦みが強すぎる料理は、さすがに敬遠されます。〝苦み〟の分量は難しいのです。

ネガティブ病

もう一つは、私が「ネガティブ病」と称している心理です。この病気にかかるのは、経験が豊富な中高年の男性です。

この患者さんはネガティブ発言をいつも繰り出します。その背景にはこんな心理が働いています。

「経験値の少ない若いやつらにはわからないだろうが、俺みたいに経験値の高い人間からすると、こんなにうまくいっている状況がこのまま続くはずがない。それは俺の人生経験から導き出される真理だ。だから一言、釘を刺しておいてやろう。浮かれるな、と」

要は「経験値をアピールしたい」という自己顕示欲が潜んでいるわけです。

一見、正しいことを言っているようですが、考えてみれば、よい状態でも悪い状態でも、現在の状態が永遠に続くことは、どんな分野でもありえません。だから「浮かれるな」「そのうちダメになるかもしれない」という発言には、本人が思っているほどの重みはないのです。

それにもかかわらず、「ネガティブ発言」ばかり続けることは、単に周りの人たちの士気を下げるというマイナス効果しかもたらしません。

嫉妬のような心理が形を変えて、「ネガティブ病」を発症させていることもあります。

たとえば、若い社員がとてもよい働きをしたときに、

「一回だけでは、まだまだわからないものだ」

と、年配の社員が発言することがあります。教育的配慮の可能性もありますが、実は、若い社員への嫉妬心がその裏に潜んでいることがあります。

ネガティブな発言を聞いた場合には、その本音を見極める必要があります。

本当に教育的配慮から言っているのか、それとも、嫉妬心や自己保身のために言っているのか。ここは大きな違いです。

多くの場合、ネガティブ病の人が、真剣な思いで忠告をしても、「またか」「うんざり」と聞き流されてしまいます。もしも、本当に教育的配慮からネガティブなことを言おうと考えているならば、あえて朗らかに上機嫌な口調で言ってみるとよいでしょう。そうすると、自己顕示欲や嫉妬からの発言ではないことが伝わります。けっして渋面で伝えてはいけません。

これは私自身が実践していることです。教育にあたっては、学生を基本的に褒めて伸ばすようにしているのですが、それでは限界がある場合もあります。何度言ってもダメで、はっきりとダメ出しをしなくてはならないときがあります。しかし、もしも不機嫌な表情でネガティブな言葉を伝えると、学生が心を閉ざしてしまうので、効果がありません。

ですから、私は感情をコントロールして、軽い感じで、笑顔で上機嫌に伝えることを心がけています。別に感情が荒立ち、ネガティブなことを言っているのではなくて、これは必要だから話しているだけだよ、ということを示すためです。

そうするだけで、言葉の印象は、かなり変わってきます。どうしても伝えなくてはならないネガティブなことは、機嫌よく話してみましょう。

中高年こそ軽やかに

中高年の男性は、仕事でも家庭でもプレッシャーを感じる場面が多くなっています。そのうえ身体も硬くなり、動きも鈍くなってきています。会話も、変化に対応できなくなる。頭も身体も言葉も保守的になり、鈍く、重い感じになっていくのです。そうなると、コミュニケーションも面倒で、重く感じるようになってくる。さまざまな要因が悪循環を繰り返すと、「ネガティブ病」を発症させやすい。

私の経験ですが、男性ばかり五〇〇人も集まったような講演会では、会場の空気がとても重い。ちょっとやそっとでは笑いも起きません。

そんなとき、聴衆の方々には、その場で簡単な体操をしてもらうようにしています。身体をほぐすと、感情も動き出す。すると反応がぐっとよくなります。

放っておくと、すぐに心身が凝り固まってしまうのが中高年男性です。そのことを自覚して、中高年こそ、「年々軽やかになっていく」というイメージをもって暮らしたほうがよい、と私は思っています。

松尾芭蕉は、「軽み」の重要性を説いています。「わび、さび」や「渋さ」や「経験値」ばかりを重く見ると、思考も会話も重くなってしまいます。過去の成功体験といったものですら下手をすると、重さにつながることもあります。

意思決定と些末な感想

管理職などにある中高年男性が、もう一つ気をつけておいたほうがよいことがあります。発言する際は、「意思決定」と「些末な感想」というものは頭の中で分けて考えるようにするのです。

「意思決定」というのは議論の核にあたる部分です。一番重要なことですから、若手に迎合する必要はありません。たとえばこの企画を進めるのか、やめるのか、そういうことははっきりと決断しなくてはいけません。また、その決定権は、多くの場合、管理職の中高年男性の側にあります。

一方で、現場任せでもよいことが「些末な感想」です。

そして、「意思決定」以外では、あまりネガティブな発言をしないように心がけたほうがいいと思います。「些末な感想」の部分では、ネガティブなことを言わない。相手の言うことも、安易に否定しない。ちょっとくらいひっかかる発言に対しても、なるべくポジティブな態度で聞いていく。そのほうが議論は発展的になります。ここでネガティブな発言が多くなると、会話が止まってしまいます。そうなると、その場にいる人たちは、楽しく雑談ができなくなる。

職場で雑談なんて、しなくていいじゃないか、というのは大きな間違いです。建設的な雑談から、新しいアイデアが生まれてくることがあるのです。「雑談力」は、社会人としては重要な能力です。ところが、この雑談が下手な人はたくさんいます。

ネガティブ病の人が、その典型です。会話に否定語やネガティブな言葉を常に挟んでしまう。それでは、会話がなかなか続きません。人はちょっとネガティブなことを言われると、そこからまた話を盛り上げていくのが面倒になってしまうものなのです。

雑談力を身につける訓練

これを防ぐために、「ミー・トゥー・イングリッシュ」と称している英会話での方法を私は推奨しています。相手の言うことにいったんは乗って、賛同したうえで、話題を移していくという会話法です。英語が上手である必要はありません。たとえば、お互いに好きなものを英語で言い合ってみる程度でいいのです。

相手が好きなものが、自分ではそれほど好きではないとしても、とりあえず、「ミー・トゥー（私も）」と賛同してみる。こうすると、英語での会話が盛り上がるようになりました。

正確に言わなくてはいけないという意識にはとらわれず、とりあえずしゃべってみるのです。この方法の主眼は、感情のぶつかり合いを避けて、相手に「ミー・トゥー」とまずは答えて、会話の流れを円滑にし、話の流れを堰《せ》き止めないようにすることです。これを英語でやってみたあとに、日本語でもまずは相手に賛同してみるようにすると、よい効果を得られます。

英語でも日本語でも同じですが、雑談は水の流れに似ています。

高いところから水を流せば、堰き止められない限り下に流れていきます。でも、ちょっとした逆勾配や障害物で、水の流れは堰き止められてしまう。

ふだんの会話においても、自然な勾配がついているのです。その勾配を無視して、ネガティブな発言をすると、だんだんと堰き止めるようになり、最後には流れが止まってしまう。

質問で流れをつくる

たとえば、ある人が、「AKB48が好きなんですよ」と言ったとしましょう。このときに、つい「AKBって、売り出し方がうまいだけじゃないの」「AKBって、誰が誰なのか、よくわからないよね」などと言ってしまう。これが「余計な一言」なのです。たとえ本心であっても、そのまま言ってはだめです。そうすると、流れが止まってしまいます。雑談とは、本音を言うところでは、けっしてありません。本心や本音は、本当に気心が知れた人に打ち明けるものです。

「好き」という肯定的な話を、否定されると、雑談はそこで終わってしまいます。この場合、「へえ、AKBがお好きなんですか。どのへんが魅力なんですか」といった質問で返せば、話は広がっていきます。

また、自分から話し始める場合でも、ネガティブな発言はしないほうがよいでしょう。たとえば、自分がAKBを好きではないからといって、会話のとっかかりで、「AKBって微妙ですよね」などとネガティブなトーンで始めてしまうようなことは避けるべきです。相手は実は熱烈なファンかもしれません。この場合も、流れが止まってしまい、雑談が進まなくなるのです。

このように雑談を止めたり、雑談が始まったりする機会を逸してしまうネガティブな言葉は、「余計な一言」の最たるものだと私は考えています。

最初は、相手の方向性を探りつつ話す方がよいので、スタンスはニュートラルにしておくべきです。

「AKBって流行っていますよね。あらゆるところで目につきますね……」

このくらいから始めて、相手の反応を見ながら、どちらにでも転がれるようにしておくのです。その結果、相手がファンでもアンチでも、まずはそれに同調してから、雑談を続けていけば、思わぬ情報や知識を得ることにつながりますし、相手の人柄などもよく見えてきます。

ついうっかり「AKBって微妙ですよね」と言ったあと、相手がファンだったことがわかり、気まずくなる、といった場合はどうしたらよいのか。このときも、質問が有効です。相手から学ぶ姿勢を示すのは一つの手になるでしょう。

「いや、私、ファンなんですけど……」

「えっ、それは失礼しました。じゃあきっといいところがあるんでしょうね。たとえば、どのあたりがそんなに魅力的なのか、教えていただけませんか」

嫌味な感じではなく、謙虚に学びたいという姿勢で言えば、相手も「それなら教えてあげようか」という気持ちになります。そして「へえ、勉強になりました。今度またそのへんに気をつけてテレビで見るようにしてみます」とでも言えば、相手の気分も悪くなりません。

皮肉を楽しむ心構えを

いつも皮肉やネガティブ発言ばかりする人は、世の中に一定数いますすし、その言葉をいちいち真に受けると、心理的なダメージを受けてしまいます。

そういう人に対しては、「この人は余計な一言を言う人なのだ」という心の構えを最初からもっておく、という対処法もお勧めです。私の知り合いにも、大変な皮肉屋がいます。そういう人の話を聞くときは、こんな感じの気持ちです。

「来たよ、今日もまた『余計な一言』が。言わなきゃいいのに、人をやっぱりスッキリ褒めないね、この人は。ああ、また『とはいえ……』とか言っている。これが余計なんだよなあ」

　ある意味で、待ち構えておくのです。そうすると、たまに普通のことだけを言われると、妙に寂しくなってしまうくらいです。

　また、相手にあまり逆らわないようにするのも、対策としては有効です。

「ああそうなんです。さすがですね。その通りです。それが問題なんですが、どうすればいいんでしょうね？」

　こんな感じでボールを投げ返してみるのです。すると、今度は向こうの問題にもなります。このときも、質問をする姿勢が有効です。人によっては、それで案外乗ってきて、積極的な物言いをしてくることもあります。

　こういう際にはなるべく笑顔で「わかりました」「なるほど」と返事をしておく。この程度の工夫でも、意外に、人間関係が好転することもあります。

●ポイント
・ネガティブな発言は、雰囲気を重くする。
・中高年男性は「ネガティブ病」にかかりやすい。

・相手から「学ぶ姿勢」を忘れない。
・皮肉屋に対しては、「心の構え」と「質問」で対応する。

3　迷惑な「頑張れ」

【ケース25】

社員を前にした訓辞——。

社長「ご存知の通り、当社はいま、とても苦しい局面にあります。この状況を打開するには、一にも二にも現場の力が必要です。だから、皆さんには是非、これまでよりも五割、いや一〇割増しの気持ちで頑張っていただきたい。今までの二倍働く。そうすれば結果はついてきます。現状を打開すべく、ぜひ頑張ってください」

社員「……（現場はもう充分頑張っているから、経営陣がなんとかしてくれよ）」

＊＊＊＊＊

【ケース26】

病院にて――。

見舞い客「病気大変でしたね。頑張ってくださいね」

入院患者「ええ……（頑張って治るものではないのですが……）」

＊＊＊＊＊

頑張れない人が増えている

「頑張れ」というのは、日本語としては簡単な掛け声で、本当によくつかわれています。頑張った先に特に何もなくても、「頑張れ、頑張れ」と、つい言ってしまいます。

しかし、社長からの訓示や激励、病気のお見舞いの時など、立場や場面によっては、この「頑張れ」が「余計な一言」になってしまうことがあります。

最初のケースでは社員たちは、もうすでに頑張っている。さらに、「頑張れ」「二倍働け」などと言われても、仕事面や時間のうえでも、もうこれ以上頑張りようがないこともあるでしょう。「頑張れ」と単に言われても、何をどのように頑張ったらいいのか、社員の側は戸惑うのではないでしょうか。

それでは甘い、と思う人もいるかもしれません。でも、この言葉を受け取る側の変化を汲み取らなくてはなりません。

かつて「頑張れ」は、特に人を嫌な気にはさせない普通の言葉でしたが、ここ一〇年くらいは、逆に言われた側を疲れさせるような言葉になってきている。ひどいときには、言われたほうの心が折れてしまうような言葉に変化しています。そもそも最近では、「頑張る」という情熱やエネルギーをあまり感じられない人も増えてきています。

一九六〇から七〇年代、『巨人の星』や『アタックＮｏ．１』のようなスポ根漫画に人気があった時代は、頑張ることが尊いとされていました。実際に、いろいろなことが頑張れば、なんとかなる時代でした。

そこまで遡《さかのぼ》らなくても、二〇年前、私が明治大学で教え始めた頃でも、まだエネルギーがあり余っているような学生が大勢いました。私が授業を終わるのを待って、「先生、おカバンをおもちしましょう」と言って新宿などに連れていき、飲み明かすような日々を繰り返していたのです。

当時の学生たちの多くは、かなり打たれ強かった。どんなに怒られても、批判されても、それで参ったりはしない。精神的にタフな連中でした。いい意味で羞恥心をあまり持ち合わせず、臆するところのない学生が多かったのです。彼らにとって、「頑張れ」という言葉は、何のプレッシャーもない、挨拶のような言葉でした。

しかし、最近の学生たちは、感情をあまり表には出しません。「頑張る」ために積極的な行為をわざわざ体現させない、真面目でおとなしいタイプが増えてきています。「頑張る」という言葉に象徴される情熱やエネルギーは、ちょっと格好悪いイメージに変わっているのではないか、とも感じます。

どちらのタイプがよいか悪いかを断じることはできません。ただし、そういう若者気質の変化を考えると、「頑張れ」という言葉も、今では「余計な一言」になるケースがあるという話です。

力まずに続けよう

「頑張る」という語感は、高度成長期の「頑張れば、明日は向上する。結果が現れる」という、希望が見える時代を彷彿とさせます。

頑張ればその分だけ見返りがある。努力は報われる。そのような社会情勢の中では、自然でしたが、今では、その頑張りによって、将来は明るくなるという希望が見えてこない。頑張ることにそんなに価値を見出せないような社会の空気になっていますから、空虚に聞こえてしまうのです。

頑張ったことへの見返りがはっきりとあった、いまの五〇代以上の世代が、自分たちの価値観を若い世代に投げかけても、逆効果だと思います。

むしろ、「気楽にやっていこう」とか、「力まずに続けていこう」、もしくは「元気にやっていきましょう」「楽しく働きましょう」くらいでも、充分に伝わるのではないかと思います。

そのほうが、彼らに前向きに伝わり、実質的に「頑張る」ことにつながるのではないか、と思います。結果がよければいいのです。

スポーツの世界でも、「根性で頑張れ」よりは、「肩の力を抜いて、バランスよく動け」といったアドバイスのほうが主流になっています。むしろ今は「いかに上手に力を抜くか」ということが重視されているのです。これはプロ選手や五輪代表のようなトップレベルのアスリートに共通する傾向です。

サッカーの日本代表監督だったトルシエ氏は、膠着状態になったり、ミスが続いたりして劣勢になっている戦況では、戦略上の注意点やポジションの動きを具体的に伝えるようにしていたそうです。

ジョゼ・モウリーニョ監督も試合中、一人ひとりに具体的な指示を与え、試合の流れを引き寄せています。

「頑張れ」といった精神論ではなく、あくまで具体的にやるべきポイントを指摘する。そのうえで、「やってみよう」「チャレンジしてみよう」という形ですすめたそうです。

このようなやり方は、共感をもたれやすく、とても効果的です。ポイントが絞れていて、選手のやるべきこともはっきりしているので、そこに明るい言葉が加わると、ミッションを遂行したい気持ちになります。

冒頭のケースでの社長も、たとえばどのような新しいやり方を会社がやろうとしているのか、それによって社員の働き方はどう変わっていくべきかといった具体的なヴィジョンや提案を述べ、社員のミッションを明らかにした方が、「頑張れ、頑張れ」と言うよりはるかに効果が現れると思います。

なお、もう一つのケースの病人に対する、「頑張れ」は一切禁句だというくらいに考えたほうがよいでしょう。病気は頑張って治るものではありません。

病気の本人はすでにベストをつくしているのです。その病人の気分を害しますし、とても迷惑な言葉になります。

むしろ、「頑張れ」を一切つかわず、日常生活の会話から消してしまうことを試してみてもいいかもしれません。「頑張る」を、禁止用語にしてみると、言葉を工夫するようになります。

●ポイント

・「頑張れ」を無責任につかわない。

・指示や要望を具体的に伝えることで結果的に、「頑張らせる」。

4　生半可な知識をふりかざす

【ケース27】

女性A「がんなんですって?」

女性B「ええ、まあ幸い初期なんで、心配いらないみたいでよかったです」
女性A「でも、がんっていうのは治療してもしなくても、もう結果は決まっているんでしょ」
女性B「いや、そんなことは……」
女性A「ううん、偉い先生の本にそう書いてあったのよ。手術してもしなくても同じだからしないほうがいいって。もう運命っていうか」
女性B「それはちょっと違うような……」
女性A「西洋医学には限界があるのよね。結局、身体のもつ自然な治癒力しかないって。だから漢方とかのほうがいいって」
女性B「……（こっちはあなたよりも切実な問題で充分に調べているんだから、生半可なこと、言わないでくれないかなあ）」

＊＊＊＊＊

無神経な素人

この女性Aほど無神経でなくとも、「生半可な知識」で発言してしまうと、「よかれ」

と思って言った言葉でも、相手の気持ちを著しく害することになってしまいます。

ただし、人はたいていのことについては素人です。会話の中で、「生半可な知識」でついつい言ってしまうことがあります。問題は、その場の状況や言い方です。

この場合、患っている本人にとっては、がんのことは大問題ですから、専門家でもない人が、中途半端な知識や聞きかじったような情報を、安易に開陳するのは、相当失礼なことです。

ちょっとしたコミュニケーションを求めているのかもしれませんが、そこに「自分はこれだけ知っている」などという自己顕示欲が入ってくると、かなり無神経な発言になってしまいます。

ただし、生半可な知識で発言しても、問題にならない場合があります。会話する双方ともが専門的な知識に乏しく、お互いが「生半可」であるケースです。もしくは、両者とも自らの切実な問題には関わっていないケースです。いわゆる雑談の領域に入るものです。生半可な知識を出し合いながら「話して遊ぶ」ことです。

大概の人が生半可なわけですから、生半可な知識ではいけないということではありません。相手にとってその話題が深刻である時、注意を要するということなのです。

たとえば相手が真剣に取り組んでいる渦中のテーマ、相手が専門的に詳しいテーマの際には、生半可な知識によって、相手の切実さや真剣さ、あるいはプライドを傷つけることにもなりかねません。

病気の場合、患者本人は相当真剣に取り組んでいることがほとんどです。適当な知識で気休めになると思って発言すると、逆にいい加減なことを言わないで欲しいという気になるのは当然です。

深刻な話題を話してはいけないというのではありません。そこまで神経質になる必要はないのですが、その際には、決めつける言い切りや強制するような言い方ではなく、質問形式で話を進めて聞いていくといいと思います。

このケースの場合、「自然の治癒力があると本で読んだことがあるけど……」とか、「漢方が効くって聞いたことがあるんだけど……」くらいの話し方にするだけで、印象はずいぶん変わります。この方が、会話は自然に流れていくと思います（ただし、無理してまでこの手の話をする必要はまったくありません）。

ポイントは、自分の知識は生半可であるという自覚をもち、まずは生半可であるということを軽く言いながら、そして質問する感じで話をつないでいくということです。

質問は雑談の基礎

たとえば、相手が経済に非常に詳しい人だとしましょう。

そんな人に対して、「TPPはダメですよね」「円安になってよかったですね」などと知ったかぶりをしても、会話が進むうちに、無知ぶりが現れてきてしまいます。相手は興醒めしますし、ひどい時には信頼も失ってしまいます。

でも、「〜を聞いたことあるんですが」「〜というニュースを読みましたが」というような形で質問などを交えれば、話は広がっていきます。

「TPP交渉は進んでいないみたいですが、これからどうなるんでしょうね」「円安はこのまま続くんでしょうか」という聞き方ならば、生半可な知識でも、興味があり、より知りたいと思っていることが伝わりますから、相手にポジティブに捉えてもらえるでしょう。

相手が詳しい領域について、上手に質問をしながら、対話していくことは重要です。これは雑談の基礎になるからです。相手の知識をうまく引き出すように心がけるとさらによいでしょう。

以前、数学者の秋山仁先生と対談する機会がありました。数学ではなく、人間観察のようなテーマでしたが、貴重な機会なので、数学の話も聞いてみました。

私自身は詳しいわけでありませんが、岩波文庫で、数学者のデデキントの著作を読んだことがあり、生半可なりに、こんな質問をしてみました。

「デデキントの数直線についての本を昔読んだのですが、数が無限に直線として連続するのを証明するのは大変なことですね？　数の世界と幾何の世界を合わせた数直線って、みんなもっと驚いていいですよね？」

秋山先生は、私がデデキントの存在を知っていること自体を喜んでくださいました。そこで話は盛り上がり、わかりやすく教えてくださったのです。

続けて「有名なフェルマーの定理が、証明されたと聞きましたが、その方法はやはりすごかったのでしょうか？」とも聞いてみると、また丁寧にわかりやすく話してくださいました。

何も知識がない人に向かって話すことと、少しでも知っている人、興味をもっている人に向かって話すことでは、熱意も説明も全然違ってきます。

質問形式でやわらかく聞くようにすると、お互いによい気持ちで話すことができて、場も和みます。

ウンチクを押し付けるな

なお、この反対に、事態を悪化させるのは、生半可な知識を、いわば絶対的な物言いで、相手に押し付けるような形を取ることです。これは、相当嫌われることでもあります。冒頭の例ほど深刻な場面ではなくても、さまざまな場面でよく見られます。

「このワインは、もう三年寝かせると、もっと芳醇になるのですがね」などとウンチクを滔々と語る素人。

「電子書籍の登場で、もう紙の本も出版社も消えてしまいますよ」と出版社の人を前に語る人。

「ＩＴバブルはもう終わります」などと経済の専門家でも何でもないのに見てきたようなことを断定口調で語る人。

もちろん、前にも述べたように素人同士、友人同士ならば、どんなことも自由に言い合えばいいのです。しかし、詳しい人や当事者を前にしての、こういう押し付けがましい言い方は避けるべきです。謙虚に上手に聞きながら、雑談していくという基本を身につけたいものです。

相手の利益や成果も認めるような姿勢をもちながら、質問形式で話していく。「興味がある」旨を相手に伝えながら、会話していくことで、相手も心地よくなり、自分も知識が増えるという一挙両得になっていくのです。

●ポイント
・切実なケースに、「生半可な知識」で発言しない。
・言葉を選びながら、質問形式でやわらかく対話する。

5　カタカナが大好きすぎる人

【ケース28】

「ブラッシュアップした企画を、ジャストインタイムでマーケットにリリースする。同時にSNSなどをコンバインしていけば、シナジー効果によって、ビッグビジネスに発展するわけです。もちろんカスタマーのベネフィットになるという視点が重要です。マーケット、カスタマー、カンパニーすべてがウィンウィンの関係になるのを目指すのが前提です」

＊＊＊＊

これはいま増殖中のタイプです。外来語をあまりに多用することで、話をとてもわかりにくくしています。

マーケティングなどの領域では、アメリカの経営理論やビジネスでの造語がどんどん日本語の中に入ってきています。その中には、英語のほうがしっくりくるものもあるのは確かです。

たとえば「イノベーション」という言葉は、「刷新」という言葉よりも先に活用されて定着していきました。「コンプライアンス」も同じで、いまでは「法令順守」よりも流布するようになっているので、このほうが一般的になっています。

通常、言葉の概念というのは、それまでの言語だけですとどうしても限界があります。言葉も生まれ、死んでいきますから、時代の中で、概念が共有できると思われる形に変わっていきます。

外来語には顕著なのですが、新しい概念を表すときは、カタカナ語として日本人に受け入れられやすいのです。

ただし、このケースはどう見ても過剰です。むしろ滑稽《こっけい》です。ここまでカタカナ語を駆使すると、意味が通じにくいうえに、こんなにカタカナ言葉を知っていて、しかも自分は欧米の考え方に明るいのだ、という自己顕示欲を示しているように思えます。

ドラマなどで、広告代理店やＩＴ企業の社員がこんな感じでしゃべる姿が描かれることがあります。時代の先端を行く企業の人は、カタカナを多用して話す、というイメージがあるのでしょう。

しかし、それはあくまでもイメージです。大手の広告代理店の方々とおつき合いしてきた経験から言えば、そういう業界でも、仕事ができる人ほど、このような言葉づかいをしません。みなさん日本語の語彙も豊富で、誰にでもわかりやすい言葉で、説明しています。

外来語に頼るということは、日本語の表現能力の不足を露呈していることでもあり、恥ずかしいことでもあります。

ケース28については、

「磨きあげた企画を、ちょうどいいタイミングでマーケットに広める。同時にSNSなどと連動させていけば、相乗効果によって、大きなビジネスに発展するわけです。もちろん顧客の付加価値を生むという視点が重要です。マーケット、顧客、企業すべてがウィンウィンの関係になるのを目指すのが前提です」

せいぜいこのくらいのカタカナ語で充分ではないでしょうか。

「マーケット」「ビジネス」は充分に日本語になっています。ウィンウィンは「みんなが得をする」と言い換えてもよいでしょうが、最近はつかう人も多いようです。

上手につかえば、カタカナ語は便利なものです。名称などにはそのままつかえますし、想像力も膨らみます。

最近の新聞を見れば、「グローバル」や「コンサルタント」は日本語として浸透してきています。しかし、過剰なカタカナ語は、相手に意味が伝わりにくいうえに、その言葉を話している姿が滑稽に見えてしまうこともありますので、「言葉の鮮度」というものに注意を払うしかありません。

大まかな傾向として、ネットのほうが意味もなくカタカナ語があふれている印象があります。どこまでが許容範囲なのか、その基準は新聞や雑誌など、活字の紙媒体を参考にするとよいと思います。

●ポイント

・共通認識のないカタカナ語をむやみにつかわない。
・カタカナにふさわしい日本語とそうでないものを区別する。
・新聞や雑誌など紙媒体を「言葉の鮮度」の基準にする。

第六章　ディフェンス力を強化しよう

1　いまだからこそ、必須の力

ディフェンス力が求められている

ここまで、さまざまなケースをもとに「余計な一言」について考えてきました。ひょっとすると、読者の中には「そんなにいろいろ気にしていたら、何も言えなくなってしまう」と思っている方もおられるかもしれません。

たしかに、あまりに気をつかいすぎてしまうと、会話がはずまなくなります。

ですから、本書を通じて知っていただきたいのは、コミュニケーションにおける「ディフェンス力」とでも言うべき力がもつ意味です。

実は、私自身、かつては「余計な一言」どころか、余計なことを百言くらい言うタイプでした。

学生の分際で、教授に向かって「この授業では、本質的な力はつかないと思うんですけど」なんて無神経に言っていたのです。

それが年をとり、社会人になり、またテレビなどで揉《も》まれるうちに、自分の発言をかなりコントロールできるようになってきました。いまでも講演会のような場では、つい興が乗ってしまい「余計な一言」を口走ることもないわけではありませんが、随分、いまの時代に対応できるようになった、と思っています。ディフェンス力が身についたのです。

このディフェンス力は、一昔前と比べると格段に必要な能力になっています。ネットの炎上に象徴されるように、不用意な一言が、致命的なことになる危険性が高くなったからです。社会全体がミスに対して寛容ではなくなっています。政治家や芸能人に限らず、一般の人でもそのような危険にさらされています。

コミュニケーションとは、人間の評価ゲームのようなものです。言葉やしぐさをもとに、お互いを評価し、信用しあっていく。すごくいい言葉を発すれば「得点」になるし、失言をすれば「失点」、ひょっとすると「退場」にもなります。

「余計な百言」の頃の私は、アグレッシブ（攻撃的）に面白いことを言うことはできていました。しかし、アグレッシブに嫌なことも言っていたはずです。ものすごく力んでオウンゴール（自殺点）を決めていたこともあるでしょう。

ディフェンス力を身につけると、人間関係での失点、ミスを減らすことができます。無駄なマイナスがなくなる。それは人間関係を良好に保つにあたって、とても重要なことです。そんなことに気をつかわず、ガンガン得点を狙っていくんだ、と考えるのも結構でしょう。若い頃の私もそういうタイプの選手だったのかもしれません。しかし、現代は得点よりも失点の影響が大きい時代で、たった一回のオウンゴールが人生を台無しにしてしまうこともあることはよく知っておいたほうがいいでしょう。

さて、そうは言ってもディフェンスしかいないチームは勝てませんし、面白くも何ともありません。発言に慎重すぎる人は魅力的に映りません。

では、どうすればディフェンス力を強化しつつ、ゲームを楽しむことができるのでしょうか。

ここまでに触れてきたこと以外のポイントについて述べていきましょう。

2　リカバリーの技術

言葉の菓子折りを持とう

まず、「リカバリーの技術」について考えてみます。「余計な一言」を言ってしまった場合は、どうすればよいか。

自分が言ってしまった場合、それがわかった時点で、相手には、「言葉の選び方を間違えてしまって、申し訳ありません」と率直に謝る。「言葉足らずで、表現の仕方を間違えてしまいました」と素直に伝えるのです。いわば日本語力の問題にする。

言葉の選び方を間違えてしまうことは誰でもやる可能性のあるミスです。思いがけずにキツい言葉を選んでしまう、無神経な単語をつかってしまう、といった失敗をしたことがない人はいません。そんなときは、素直に訂正して、悪意はなく、本意ではなかったことを早く伝えることが大切です。

お互いにこのようなミスはあるわけですから、普通の感覚の持ち主が相手ならば許されるでしょう。

単に訂正するのではなく、相手を褒めるのもいいでしょう。ただし、すぐに褒めるとあまりにお世辞めくのであれば、別のポジティブな話題を見つけて、会話を盛りあげるようにする。褒めるにしても、具体的なポイントを見つけて、「褒めコメント」を会話の中に入れていくようにする。そういうものは少々わざとらしくても、効果が出るものです。

「褒めコメント」というのは、いわば、言葉の贈答品、菓子折りのようなものです。さほど美味しいお菓子ではなくても、贈答品をもらって気を悪くする人は滅多にいません。お詫びの際でも、贈答品を渡したために、機嫌を損ねることはないのです。

他者から承認や依頼をされて気を悪くする人はあまりいません。形からでもいいので、相手を褒める癖を身につけておきましょう。

リスペクトできる点を探す

失敗したときのリカバリーには「褒めコメント」が有効なのですが、誰にでも発することができるものではありません。ちょっとした失言のあとでも、すぐにリカバリーできるような魅力的な一言を発することができるようになるには、リスペクトの感情を素直に表現する習慣を身につけるといいでしょう。

定時制学校の教師をやっている私の教え子から聞いた話です。定時制の生徒は、あまり褒められた経験がない。彼らは新しい先生が赴任してきた時に、自分たちを見下しているかどうかということに敏感なのだそうです。もしも、自分たちへのリスペクトの念がないと感じると、非常に攻撃的になってくる。

逆に、生徒たちを見下さず、リスペクトしながら接していくと、本当に言うことを聞いてくれる、だからなるべく彼らのよい点を見つけるようにしている、とのことでした。この場合、口先で「みんなのことを尊敬している」などと言ってもダメです。そういう嘘はあっという間に見抜かれます。

具体的に、どこかリスペクトできるポイントを一所懸命探す。誰だって、どこかよい点、優れた点はあるのです。トータルの評価ではなく、「側面」を評価してあげるのです。どこかいい面をポジティブに評価するように心がければ、リスペクトしているということが自然と伝わっていきます。

具体的なことが、気づきと共に提示されると、言われたほうにとっては嬉しい言葉、魅力的な言葉になります。「先生の本、売れていますね」と言われても、そんなに嬉しくはありません。しかし、「そういえば、妹が、先生の本がきっかけで、読書をするようになったんですよ」という流れだと、嬉しいものです。

ちなみに、ここで「尊敬」ではなく、あえて「リスペクト」と述べているのは、前者だとちょっと言葉として重すぎるからです。何となく「尊敬」と言うと、その人物全体についての評価のようですが、「リスペクト」だと、一つの面、一つのポイントなど側面の評価でもよいように感じられるのです。

どんな相手にも、自分よりも詳しいことが必ずあります。それを見つけて、教えを乞おうという姿勢をもって接すれば、リスペクトの念は相手に伝わります。

フェアプレイの精神を

村上春樹さんの小説には、魅力的な一言がたくさん詰まっています。およそ普通の人では考えつかないような気の利いたフレーズ、表現の宝庫なのです。

たとえば、『色彩を持たない多崎つくると、彼の巡礼の年』（文藝春秋）の中に、こんなセリフがあります。

「哲学的な小説は君の今日の素敵な着こなしによく似合っている」

主人公はこんな言葉を女性に対して投げかけています。これに対して、彼女は「ありがとう」と返事をしていますが、村上作品らしい言い回しです。

もちろん、こういうフレーズがポンポン口をついて出れば、それはそれで才能でしょうが、普通の人はあまりうかつに真似をしないほうがいいようにも思います。

それよりも、私が村上作品で注目していただきたいのは、「フェアプレイの精神」です。

村上さんの作品の登場人物の物言いは、とても丁寧です。『1Q84』（新潮社）では、暗殺者のような危険人物がいろいろと登場しますが、そういう人たちですら、ものの言い方がとても丁寧なのです。

こういうセリフ回しはかなり独特で、当初は気取っているとか、すかしているといったふうに受け止めた人もいたようです。普通の日本人の感覚とはちょっと違うからです。

しかし、この春樹節とも言うべき独特の言い回しが魅力的ですし、丁寧さの底流には相手へのリスペクトの念がある気がします。他者との関係をフェアプレイで進めようという精神が伝わってきます。

そういえば『1Q84』では、こんなセリフも出てきます。

「君が僕を見つけた……それはフェアじゃないことのように思える」

男性に言われた女性が、「フェアじゃない？」と聞き返すと、「僕は君に多くのものを負っている。僕は結局、何の役にも立たなかった」と言います。この二人の関係がフェアであるかどうかということは、ここに至るまで読者はあまり気にしていなかったと思います。そもそも男女間の関係がフェアかどうか、というのは独特の視点です。

しかし、「フェア」という観点に立つと、村上さんの作品世界全体に、強いフェアプレイの精神が貫かれているようにも思えます。

多くの作品で、主人公はフェアでないことはしません。村上さんの小説の魅力としては、魅力的なストーリーや会話の言い切り方、表現の新鮮さなどがよく取りあげられますが、このフェアプレイの精神も重要なポイントのように思えるのです。

先送りの言葉

村上さんの小説の登場人物は、丁寧な言葉でなおかつ、ごまかさずにスッキリと本心を伝えています。自らの言葉に責任を負っています。他人に信頼されるのは、こういう人なのです。

一方、職場でも男女関係でも信頼されないのは、「リスクを取れない」人です。ここぞという時に逃げてしまう男性を女性は概して信用しません。そういう人とは、ちゃんとしたおつき合いができないのです。

私の同級生で会社勤めの人は、もう多くが管理職になっています。彼らに「どういう人が伸びるのか」「どういう人材が欲しいのか」と聞くと、「自分でリスクが取れる人。その場合のリスクも考え、そのうえでチャレンジをして、責任を取る覚悟をもてる人」や「当事者意識をもっている人」と口を揃えて言います。言葉の面から見ると、こういう人は先送りの言葉を口にしません。

反対に、リスクを取れない、当事者意識のない人は、会議などでも先送りの言葉でお茶を濁します。「この件は、いろいろ難しいので、また次回ということで」といった類のことをすぐに口にしてしまうのです。

失点をしないようディフェンス力を身につけよう、と述べましたが、このタイプの人は、リスクを怖れて試合中ずっとバックパスを繰り返しているようなものです。これは実は結構危険なことで、かえって追い込まれることにもつながります。

この手の〝バックパス人間〟を見ると、「仕事ができない人だな」と思ってしまいます。ありがたいことに、仕事ができる方と一緒に働かせていただく機会に恵まれているので、両者の違いが実によくわかります。

仕事ができる人は、先送りをしません。たとえば、有名なクリエイティブディレクターである佐藤可士和さんのような人は、話も仕事もとても早い。決定がとにかく早いのです。

仕事ができるからといって、必ずしも何でも自分でやろうとするわけでもありません。最近、彼が手がけた仕事の中に、セブン‐イレブンのプライベートブランドのデザインがあります。この件を任せるにあたり、セブン‐イレブンの鈴木敏文会長は、彼と一時間ほど話したのちに「全部あなたに任せるよ」と決めてしまったそうです。鈴木さんも判断が早い。結果として、その決断は大成功で、可士和さんが手がけてからセブン‐イレブンのブランド力は向上しています。

本当に仕事ができる人というのは、短い時間の中で相手の力を見極めて、そして相手に賭けてみることができるのです。もちろん、その決断には自分でリスクを取ります。

中日ドラゴンズのＧＭに就いた落合博満さんも同じことを本で言っていました。人に任せると決断した場合、徹底的に任せるそうです。落合さんは監督時代、「自分は野手で、投手のことはよくわからない」と言って、投手のことはすべて森繁和コーチに任せました。先発を誰にするかも、一任したそうです。それで失敗しても、コーチや投手を責めません。任せた自分の責任だ、というのです。このやり方で落合監督はチームを常にAクラス入りさせてきました。

鈴木会長も落合GMも「すべて任せる」と言い、全体の責任を取る覚悟ができている。だから、任せられた人もそれに応えるべく働けるのでしょう。

また、先送りがダメなのは、男女間においても同様です。

結婚や出産などにおいて、女性は、男性より早く決断しなくてはならないことが多い。それなのに、男性がはっきりと決めないことで、破局してしまうケースはよくある話です。

少し話はそれますが、女性は「小ささ」を嫌う傾向があります。身長ではなく、器の大小のことです。必要のない細かさとか、毀誉褒貶の激しさとか、会話での一貫性のなさなどから、器の小ささが感じられてしまう場合は、嫌われます。

これはその人の人格そのものにかかわるので、一朝一夕には改善できません。ただし、「余計な一言」で器の小ささを露呈するのはよくあることです。

さらに脱線しますが、今は、女性からの要求の水準も高くなってきていて、「粗雑な人は嫌いだが、細かい人も嫌い」「大らかだけど、きちんとしている人がいい」といった、いささか矛盾したことも平気で言います。

こんな様子を見ていると、ついラーメン屋を連想してしまいます。昔は、ラーメン屋なのにまずいラーメンを平気で出す店が結構ありました。しかし、いまは客の舌が肥えたため、淘汰が進んできました。女性の要求水準が高くなっていることに似ているように思えます。男性にとっては厳しい時代かもしれません。

3　褒めるツボ、褒める一言

コンプレックスのそばにある「褒めるツボ」

第四章で、デリケートな話題には触れないように、と述べました。それはその通りなのですが、実は一方で、褒めるツボは相手のコンプレックス周辺にある、という面もあります。相手がコンプレックスと感じていることに、考えなしで触れるのは厳禁ですが、そのすぐ横に「素敵な一言」を生む要素が隠れているのです。表裏一体なのです。その人のコンプレックスや、その周辺にあるプライドを察したうえで話をすると、相手は心を開いてくれます。

たとえば、研究熱心で大学院まで進学した女性がいたとします。この人には、研究についてのプライドがある一方で、どこか「勉強しすぎちゃったなあ」といったコンプレックスがあるかもしれない。世間にはいまだに女性が研究一筋、ということに偏見のようなものがあるからです。

こういうときに、彼女に対して「大学院まで行くとはすごいね」「すごい学歴だね」「勉強好きなんですね」と軽い感想を言っても、コンプレックスを刺激するだけに終わることもあります。そんなことはわかっていて、そこに複雑な思いがあるのです。

しかし、もう少し突っ込んで、彼女の抱える「研究に向かわずにいられない〝業〟」のような面を評価することができれば、反応が劇的に変わる可能性もあります。

「あなたのように優秀な方が、人生を賭けて打ち込むということは、よほどその研究テーマは奥が深くて魅力があるんでしょうね」

プライドとコンプレックスが重なり合う部分に触れて、前向きな言葉で評価すれば、相手の心を動かすこともあるのです。

私自身のことですが、『声に出して読みたい日本語』（草思社）という著書が売れて以降の話題では、意外と会話が盛りあがりません。

もちろん、あの本のここがよかった、といった具体的なことを言っていただければ嬉しいものです。でも、「あの本、売れましたね。凄いですね」と言われても、そんなに気持ちが動かない。それよりは、無職だった二〇代の頃のことについて、上手に衝くような質問をしていただくと、とても盛りあがるのです。その時期は、私にとって一種のトラウマでもあるのですが、そこを理解してくれる人とは一気に気持ちが通じ合うことがあります。

こういう手法を上手に用いている人を、最近テレビで見ました。心屋仁之助さんという方です。彼は相手のトラウマを上手に見つけ出して、心の悩みを解決に導いています。

ある女性芸人が、「つき合っている男性に愛されていない気がする」という悩みを語っていました。心屋さんは彼女と話していくうちに、「これから私が言う言葉を、自分の口で言ってもらえますか」と前置きしたうえで、「私は女の子だよ。可愛い女の子だよ。大切に扱ってね」と言います。

言われた通りに、その言葉を口にした彼女は、途中から号泣し始めました。そういうセリフを彼女は普段言いたくても言えない。芸人として、プロとしてはそういう面を見せてはいけないというプライドもあったのでしょう。しかし、女性として心の奥底では、そういう言葉を口にして、男性に甘えたいという気持ちもあった。女らしく振る舞えないことが、彼女のコンプレックスでもあったのです。

彼女のコンプレックスとプライドが混在している微妙なところを、心屋さんは衝いて、言葉にしてあげたのだと思います。トラウマのような部分を見抜いて、言葉にすることは高度な技です。患部を上手に引き出して、評価し、向き合わせてあげることは、心の手術のようなものです。

こういう手法は、かなり高度なので簡単ではありません。しかし、痛いところをわかりあえた時にこそ、愛情関係や深い信頼関係が生まれるということもまた事実です。

女性を褒める一言、男性を褒める一言

そこまで高度な技術をもち合わせていない私たちが、人を褒める場合にはどういう方法があるでしょうか。

女性の場合、外見を気にしている人が多いので、その日の服装や、アクセサリーなどを具体的に褒めるのは有効です。一方で内面的な要素を褒めるのもよいでしょう。その人の向上心、向学心などを評価すると、案外、そちらの方が喜ばれる傾向があります。

特に、美人は、「美しい」「きれいだね」などは言われ慣れていて、その手の褒め言葉は効力をほとんど発揮しないことがあります。むしろ内面を磨こうとしている努力や言動に現れる知性を褒める方がよいのです。知性というと硬い感じがしますが、「気が利いた会話ができる」「ものの見方が面白い」「表現が個性的」という程度でもいいのです。

男性は、社会的な地位を重視する人が多いので、地位や才能について評価されると、とても喜びます。たとえまだ大した立場ではない人でも、潜在能力について褒められ、「素材」として評価されれば嬉しく思わないはずがありません。

「あなたはまだ株でいえば未上場だけど、潜在力があるから買いだと思うんだ」

こんなふうに言ってくれる相手のことは好きになるでしょう。

性別に限らず、人は現在の状態よりも、これから向かっていく方向性や、将来の姿を褒められたほうが嬉しいものです。

その意味で私は、最近流行している「ありのままでいい」とか「今のままのあなたでいい」といった甘言には懐疑的です。

特に女性は男性に「ありのままのあなたでいい」というようなことを言わないほうがよいでしょう。二〇代やそこらで「ありのままの自分でいたい」と思うのは、少々危険です。それよりも「あなたはもっとできる」と伝えたほうが、はるかによいのではないでしょうか。

おわりに──精神の森をもとう

おわりに──精神の森をもとう

レッテル貼りの不毛

私は、ヤフーニュースのコメント欄をよく読みます。配信されているニュースについて、あれこれ皆が勝手に意見や感想を述べている欄です。そのコメントに賛同するかどうかも入力できるようになっています。

コメント自体には、独特な面白さがあり、眺めていると世間がいまどういう気分なのかが手に取るようによくわかるので、とても興味深いのですが、一方で、人間への理解の浅さも目立つように思えます。見方が一面的で、人間についての理解力に「垂直的な深さ」が欠けているように感じられるのです。

多くの場合、渦中の人へのコメントは一方に偏りがちです。Aさんについて、誰かが最初に「悪い」と決めつければ、何万人もの人がすぐにそれに同調する。

しばらくして、Aさんは実は被害者で「悪くなかった」ことが報道でわかると、今度は掌《てのひら》を返したように、同情したり褒め称《たた》えたりして、時にはヒーロー扱いまでしてしまいます。少し前のバッシングはすべてが「余計な一言」に変わってしまう。あまりの無責任さに少々呆れてしまいます。つまり、ここからわかるのは「レッテル貼り」の不毛さです。

「所詮は」「たかが」といった簡単な言葉で物事を片付けてしまう人もいます。こういう言葉も、レッテル貼りを助長させるので、つかわないほうがよいNGワードの一つでしょう。

一人の人間の深さは、「たかが○○」で片づけられるものでも、一時の発言や一つの行動のみで判断できるほど単純なものでもありません。白黒は簡単に見極められないので、安易に「レッテルを貼る」ことは危険なのです。

「精神の森」と「心の避難所」

このコメント欄は、現代の風潮のある面を象徴しているように思えます。今は、多くの人が浅瀬で動き回り、反射的に声を発しているような時代です。インターネット時代は、だれにでも発信する機会が与えられた人類史でも画期的な時代ですが、一方で、人間や状況への理解の浅さが、無数の「余計な一言」を生んでいます。

しかし、人間というのは実は深海のようなものを含みもっている存在なのです。そして人間と深くつき合うということは、相手の無意識までも含めて関わるということです。その代表例が結婚です。

この深海のような深さこそが人間の面白さでもあります。

この深さについて、私たちは自らの経験に加え、哲学や文学に触れることで理解を深めてきました。

ドストエフスキーの小説の登場人物は、常に不意に行動します。ときには自分自身の心理さえも裏切って行動し、思ってもみないことまで口にする。無意識を表出してしまうのです。

こういう文学を読んでいくことで、私たちは深さの次元に対する感覚を手に入れることができます。そして人間理解や状況判断において、その感覚を手にいれることで、浅いレベルのやりとりだけで終わらない人生が開けてくる。

ネットでの反射的なコミュニケーション、安易なレッテル貼りに終始するような思考を繰り返していては、人生はおそろしく浅いものになってしまいます。

そのようにならないためにはどうすればいいのか。

一人ひとりが、自分が戻るべき場所、静かな沈黙の場所をもつべきだ、と私は考えています。日常の人間関係や仕事とは別に、落ち着いて深く考えることができる場所のことです。

もちろんこれは物理的な場のことではありません。

私は時間が空いたときや寝る前、好きな音楽を聴き、好きな作品を読み返したりしています。一人で黙考することで、心身がとても休まり回復できます。

これは「精神の森」を豊かにする時間です。浅瀬で動き回らざるをえない時代だからこそ、この「森」をつくることをお勧めしたいと思います。

「精神の森」の形は、人それぞれでいいのです。音楽にひたってもよいし、読書に没頭してもよい。瞑想でも構わない。大切なのは一人になる沈黙の時間をもつということです。

好きな音楽を聴いたり、写真を見たり、漫画を読んだりしながら、孤独を楽しんでいると、いろいろな発想が湧き立ちます。論語やドストエフスキーのような古典を読むことをお勧めしたいところですが、あくまでもそこは個人個人の好みでいいでしょう。音楽でもクラシックが苦手でロックのほうが落ち着く、というのならばそれもいい。

私はその時間に年に一回は、ヴィクトール・フランクルの『夜と霧』（みすず書房）をきちんと読むことにしています。それだけでも、日常で自分たちがいかに小さなことで慌てふためいているのかがよくわかります。石光真人の『ある明治人の記録―会津人柴五郎の遺書』（中央公論新社）や吉田松陰の『留魂録』（講談社）を音読することもあります。

そうすると落ち着けるゾーンに入っていき、心身が定まってきます。そのゾーンをもっているからこそ、「森」を出たあとに、他人と深いコミュニケーションができるようになると思っています。

私たちは注意していても、「余計な一言」を言ったり、言われたりしてしまいます。そのたびに心が揺れたり、傷ついたり、後悔したりします。その心のゆらぎを、「精神の森」で支えるというイメージです。

日常的なコミュニケーションというのは、いわば水平関係の中で交わされるものなのです。

そこで慌しく動き回っているだけでは、心身は疲弊してしまうばかりです。回復するには、「精神の森」で垂直の次元を取りいれる必要があるのです。

この本が形になるに当っては、新潮新書編集部の後藤裕二編集長と丸山秀樹さんに大きなお力添えを頂きました。記して、お礼申し上げます。ありがとうございました。

二〇一四年六月

齋藤　孝

齋藤 孝　1960(昭和35)年静岡生まれ。東京大学法学部卒。同大学院教育学研究科博士課程を経て、現在、明治大学文学部教授。『声に出して読みたい日本語』『雑談力が上がる話し方』など著作多数。

Ⓢ新潮新書

577

余計《よけい》な一言《ひとこと》

著者　齋藤《さいとう》 孝《たかし》

2014年7月20日　発行
2014年11月5日　6刷

発行者　佐藤隆信
発行所　株式会社新潮社
〒162-8711　東京都新宿区矢来町71番地
編集部(03)3266-5430　読者係(03)3266-5111
http://www.shinchosha.co.jp

印刷所　錦明印刷株式会社
製本所　錦明印刷株式会社

ISBN978-4-10-610577-7　C0281